INGREDIENT BRAND STRATEGY

BtoB事業のための成分ブランディング

製品開発と組織購買への応用

慶應ビジネススクール 余田拓郎―――著

中央経済社

序

　近年，生産財や産業財などの企業間取引（BtoB=business to business）の領域でマーケティングへの関心が急速に高まってきた。その背景には，需要が分散する中で営業活動を中心としたプッシュ型プロモーションの限界をインターネットやマス広告などのプル型プロモーションによって補おうという意図がある。また，そういったプロモーションコストの低減もマーケティングへの関心を高めている。

　一方，プル型プロモーションの一手段ともとらえられるブランドへの積極的展開は，BtoB領域では十分ではない。企業経営においてブランドの重要性が指摘されるようになって久しいが，積極的に展開する企業は消費財関連の企業であり，BtoB領域では，ブランドやそのコミュニケーションに関心をもつ企業は少数派である。それは，部品や素材といった中間財が，ブランドといういわば周辺的手がかりをより所として選定されることは，きわめて限定的とみられてきたからである。

　しかしながら，BtoB領域においてもブランドを積極的に活用すべき環境が整ってきた。その理由の1つは，合併や事業部門の統合，あるいは分社化等によって変わりつつあるコーポレート・ブランドへの期待の高まりである。従業員向けにブランド・コミュニケーションを展開することによって，組織への求心力を取り戻そうとするBtoB企業が，組織再編等にともない少なからずみられるようになっている。また，一般生活者との接点が少なくなりがちなBtoB企業では，人材や資金などの外部経営資源の獲得においてブランドへの期待が高まっている。従来人材や資金などの獲得は，大学の研究室や特定の金融機関との固定化された関係の中で行われてきた。しかしながら，事業構造の変化にともなう新たな領域の人材獲得や個人投資家の拡大をはじめとする資金調達手段の多様化によって，ブランドを積極的に活用できる場面が増えつつある。

さらには，新規顧客を獲得することの重要性が増す中で，BtoB購買におけるブランドの役割にも期待が高まっている。消費財の購買行動にブランド力が大きく影響を与えることが明らかになっているが，BtoB購買でも何らかの効果が期待できるとするならば，これを積極的に活用しない手はない。

　BtoB領域の企業や事業におけるブランドの重要性が高まりつつあるにもかかわらず，その役割を理解し活用できているかといえば，まだ不十分であるといわざるを得ない。とりわけ，グローバル市場で展開する事業ではブランディングは喫緊の課題である。世界におけるブランド価値ランキングには，数多くのBtoB企業がランクインしている。そういった企業は，ブランドを成長のドライバーとして位置づけ，積極的な活用を試みているのである。一方，日本のBtoB企業といえば，そのような流れに取り残されたままである。依然として従来からの営業活動に依存し，技術力さえあれば成長できると確信している経営者が多い。高い技術力はグローバル市場で生き残るためには欠かせないだろう。けれども，技術力だけに依存してグローバル市場で生き残っていこうとするのは楽観的に過ぎる。

　本研究で注目するのは技術や部品・素材のブランド，つまり成分ブランド (ingredient brand) である。成分ブランドとは，平たくいえば，最終製品を構成する一部の機能，部品，要素技術，サービスなどをブランド化したものを指す。インテルの「Intel Inside」や「Pentium」といった一連のパソコン向けMPUや，古くは「ゴアテックス」「テフロン」といった素材ブランディングなど，この分野における成功事例は決して少なくはない。これらの企業は，部品や素材，あるいは要素技術のブランディングを絶えず進めることによって，収益を拡大してきたのである。しかしながら多くのBtoB企業では，これらのよく知られた先進事例を自社とは無関係の話，あるいは稀なケースとして，あまり関心を寄せてこなかったのが実態である。

　このように，成分ブランドによるコミュニケーションに対してBtoB企業が関心を払わないのは，研究の蓄積が十分ではないことにも一因がある。この領域における研究に目を向けると，成分ブランドがホスト・ブランド（部品や素

材を組み込んだ最終製品）の優位性やブランド・エクイティに正の効果をもたらすこと，合理的意思決定が支配的な企業の購買行動であっても，ブランド・コミュニケーションの効果が期待できること，あるいはマーケティングやブランド・コミュニケーションの効果に影響を及ぼすモデレータ変数が存在することなど，近年一定の研究成果がみられるようになった。

しかしながら，先行研究にはいくつかの課題がある。第一に，成分ブランドに関する研究が断片的にしか行われてこなかった点である。その理由は，成分ブランドの役割が，必ずしも包括的に捉えられておらず，その結果として特定の役割に注目して進められる研究が体系を持たないまま行われてきたからである。第二に，最終消費者の購買行動（あるいは購買行動の変容を前提としたアッセンブル（組立て）企業に対する交渉力）に関連するブランド効果に，研究対象が限定されているという点である。つまり，消費財のブランドの枠組を超えて，産業財に固有の枠組や効果が研究されることはほとんどなかったといえよう。

このような研究上の課題の帰結として，ビジネスにおいて戦略的かつ積極的に成分ブランドを活用し，業績に結びつけようとする動機付けに欠けることとなっている。本書は，成分ブランドの効果を包括的に捉え，さまざまな効果を想定，検証し，その上でブランド効果創出のための施策について提言することを目的とするものである。とりわけ，従来から指摘されてきた最終消費者からのプル効果や価格プレミアムなど消費者向けのブランド効果ではなく，製品開発という組織内プロセスや顧客企業に向けての何らかの「新たな効果」に焦点を当て掘り下げていく。

ブランドとは製造者や製品を他から識別するための印である。ブランドがなければ他社の製品から自社製品を識別してもらうすべがない。とするならば，高度な技術力をもって成長を果たしてきた企業や事業こそがブランドの恩恵を得るはずである。とりわけ，技術力において優位に立つ日本のBtoB企業はブランドを積極的に活用してしかるべきである。本書によって，部品や素材，あるいは技術において優位に立つ企業のブランド展開の一助になれば幸いである。

目 次

序　i

第1章　技術とブランド … 1
1　ブランド活用の2つの視点 … 1
2　本書の構成 … 3

第2章　成分ブランドの実際 … 7
1　成分ブランドの具体例 … 7
2　成分ブランドの認知状況と消費者行動 … 15
3　成分ブランドに関する研究 … 17

第3章　製品開発プロセスにおける成分ブランドの関わり … 23
1　製品開発プロセス … 23
2　製品開発の機能統合問題 … 30

第4章　成分ブランドと製品開発
──イオン発生技術からの考察 … 35
1　空気清浄機と成分ブランド … 35
1.1　知名率　36

1.2　広告接触経験　37
　2　空気清浄機市場 …………………………………………………………… 38
　　　2.1　業務用空気清浄機の登場　38
　　　2.2　家庭用空気清浄機市場の誕生　40
　　　2.3　家庭のウイルス対策　41
　　　2.4　家庭用空気清浄機における主要な技術　42
　　　2.5　技術効果を可視化するプロモーション　44
　3　パナソニック「nanoe（ナノイー）」 ………………………………… 45
　　　3.1　「nanoe（ナノイー）」の概要　45
　　　3.2　ナノイーの変遷と使用例　46
　　　3.3　ナノイーの開発背景　47
　　　　　3.3.1　ナノイーの歴史と大規模な組織変革　47
　　　　　3.3.2　トップダウンによるブランド推進　47
　　　　　3.3.3　開発プロセスへのマーケティング部門の参加　48
　　　　　3.3.4　技術力を訴える宣伝手法　49
　　　　　3.3.5　社内認知度の高まりと宣伝予算の獲得　50
　4　三洋電機「ウイルスウォッシャー」 ……………………………………… 51
　　　4.1　「ウイルスウォッシャー」の概要　51
　　　4.2　「ウイルスウォッシャー」の歴史　52
　　　4.3　「ウイルスウォッシャー」開発の背景　52
　　　　　4.3.1　トップダウンによるブランド推進　52
　　　　　4.3.2　マーケティング本部によるブランド統制　53
　　　　　4.3.3　広告宣伝活動　54
　　　　　4.3.4　技術の横断的活用　55
　5　事例からの発見物 ………………………………………………………… 55
　　　5.1　トップダウンによるブランド推進　56
　　　5.2　部門間の相互作用　58
　　　5.3　経営資源の獲得　59

5.4 市場志向と技術志向 60

第5章 成分ブランドと市場志向 …… 65

1 市場志向の重要性 …… 65
1.1 市場志向とは 65
1.2 市場志向をもたらすもの 70
1.3 市場志向の成果 71

2 市場情報の利用と組織内コミュニケーション …… 72
2.1 市場志向の浸透：市場情報の利用 73
2.2 異部門間のコミュニケーション 74

3 技術への市場情報の組み込み …… 77
3.1 成分ブランドとは 77
3.2 成分ブランドが製品開発プロセスにもたらす効果 81
3.3 成分ブランド認知度による効果の違い 82
3.4 仮説の提示 83

第6章 成分ブランドによる製品開発の促進 …… 85
——その効果の検証

1 調査の概要 …… 85
1.1 調査実施概要 85
1.2 質問票の設計 85

2 分析結果 …… 87
2.1 収集されたデータの概要 90
2.2 仮説に関する分析結果 90
2.2.1 仮説1　コミュニケーション促進効果 91
2.2.2 仮説2　市場志向浸透効果 93

　　　　　2.2.3　仮説3　価値観共有促進効果および
　　　　　　　　仮説4　参加促進効果　95
　　2.3　いくつかの興味深い発見　97
　　2.4　まとめ　99
3　成分ブランドのコミュニケーション展開と考察 …………… 100
　　3.1　認知度に関する考察　100
　　3.2　コミュニケーション上の示唆　104
4　成分ブランドがもたらす製品開発効果 ………………………… 105

第7章　BtoB購買におけるブランド研究 …………… 109

1　組織購買行動に関する研究 ……………………………………… 109
　　1.1　バイグリッド・モデル　112
　　1.2　Webster=Windモデル　113
　　1.3　Shethモデル　114
2　BtoB取引における情報探索 …………………………………… 117
3　組織購買行動と企業イメージ …………………………………… 119
4　BtoB領域におけるブランド・エクイティ論 ………………… 120
5　BtoB領域におけるブランド研究からの示唆 ………………… 123

第8章　組織購買における成分ブランドの効果 …… 129

1　BtoB購買と成分ブランド ……………………………………… 129
　　1.1　成分ブランドのコミュニケーション事例　129
　　1.2　IGZOのコミュニケーション　131
2　成分ブランドからみた組織購買行動の次元 ………………… 135
　　2.1　購買への関与者　135
　　2.2　BtoBの購買プロセスと成分ブランド　137

2.3　BtoB購買とコミュニケーション　141
　3　成分ブランドと購買行動に関する仮説 ················· 146
　　3.1　成分ブランドによるコミュニケーション効果　146
　　3.2　組織購買特性によるコミュニケーション効果　148

第9章　成分ブランドとBtoBコミュニケーション ····· 151

1　質問票調査の概要と概念の操作化 ··························· 151
2　仮説の検証 ··· 154
　2.1　仮説1　成分ブランドの3つの効果の検証　154
　　2.1.1　仮説1-1　購買時間の節約効果の検証　155
　　2.1.2　仮説1-2　取引情報への注目効果の検証　157
　　2.1.3　仮説1-3　取引情報提供メディアへの注目効果の検証　159
　2.2　仮説2　組織購買特性による影響の検証　162
　　2.2.1　仮説2-1　バイクラスの影響に関する仮説の検証　163
　　2.2.2　仮説2-2　担当者特性の効果に関する仮説の検証　170
　2.3　分析結果のまとめと考察　173

第10章　技術の成分ブランド化に向けて ····················· 179

1　成分ブランドの2つの効果 ···································· 179
　1.1　理論的貢献　179
　1.2　実務的インプリケーション　181
2　さらなる成分ブランド研究に向けて ······················· 183

■参考文献　187
■あとがき　199
■索　引　203

第1章 技術とブランド

1 ブランド活用の2つの視点

　本研究の目的は2つある。まず第一に，製品開発プロセスにおける成分ブランドの効果について，製品開発組織における市場志向の浸透とそれに関連する概念に焦点を当てて考察することである。成分ブランドは，製品を構成する要素技術がブランド化したものである。技術がブランド化し成分ブランドとなることで，そこには単なる技術情報のみならず，使用者イメージや顧客便益などの市場情報が同時に含まれることになり，結果的に製品開発プロセスにおいてもさまざまな効果が得られるものと期待される。さらに，成分ブランドの認知度が高く，豊富なブランド連想を保有している場合，そのような効果は特に強くなることが予想される。

　製品開発組織のとりわけ技術部門メンバーにおいては，その特有の性質から市場情報が十分に利用されないことが指摘されてきた。開発組織全体としても市場志向や顧客志向が思ったように広がらないことが多い。しかしながら，先に触れたように，成分ブランドには技術情報と市場情報が同時に組み込まれているため，技術部門も必然的に市場情報に接触することになる。したがって，成分ブランドが関わることによって，開発組織全体の市場情報利用も促進される可能性が高くなるといえるだろう。

　成分ブランドの製品開発プロセスにおけるな効果として本研究が注目するのは，①製品開発組織内部におけるコミュニケーションの活性化，②製品開発組織における市場志向の浸透，③開発組織成員間における価値観共有の促進，④メンバーの製品開発プロセスへの積極的な参加，以上の4つである。これらを

4つの仮説として定式化し，経験データの収集および分析を通じて検証することが第一の目的である。

一方，第二の目的は，企業間取引での組織的購買意思決定における成分ブランドの役割および効果について，包括的に検討しようとするものである。

成分ブランドに関する研究は，1990年代に大きく拡大し始めたが，その後の研究潮流に共通するのは，成分ブランドが最終製品に含まれることにより，消費者反応にいかなる影響があるのか，という点を問題意識としてもっていることである。成分ブランドが最終消費者の購買意思決定にいかなる影響を及ぼすかについて検討することは，企業が効率的に広告コミュニケーションを含めたマーケティングを推進していく上で重要な示唆を提供するものである。しかしながら，BtoBの文脈における組織購買行動において，成分ブランドを利用した広告コミュニケーションにいかなる特殊性が存在するかについては未だ明らかになっていない。

組織購買において成分ブランドがいかなる効果を有するのかについて明らかにしようとする際，組織購買の詳細に関わる理解が不可欠である。組織の購買プロセスは問題解決行動であり，購買状況は組織の誰かがある購買行動を通じて解決されうる問題（目標状態と現実状態の乖離）を認識するときにスタートし，問題解決とともに購買行動が終了する。組織の購買行動は購買担当者に限らず，組織メンバーのさまざまな活動が含まれる。購買状況を定義し，代替選択的なブランドとサプライヤーの間の区別を行い，評価を行い，そして選択を行うのは，組織のさまざまメンバーであるからである。また，メンバーはそれぞれに異なる役割をもち，したがって，情報の検索方法や利用する情報にも相違がみられることになる。このことは，異なるメンバーごとに有効なコミュニケーションのあり方が変わってくることを意味している。

一方，BtoB取引においては，多様なコミュニケーション手段が活用される。製品説明や取引内容や条件についてのやりとりが必要となることが多く対面営業が中心となるが，カタログや見本市，ＤＭ，テレマーケティング，WEBなども重要なメディアである。購買担当者はこういったメディアを通じて情報を

探索したり，あるいは情報を受け取ったりすることになるが，成分ブランドが関与することによって，これが大きく変わる可能性がある。成分ブランドは組織購買意思決定に必要な技術・市場情報を提供することができるからである。したがって，成分ブランドが関わる組織購買意思決定においては，関わらない場合に比べて，追加的に必要とされる情報が節約されることになる。また，成分ブランドが関わる購買意思決定においては，製品に関する情報探索も取引に特定的な情報や配送，アフターサービスなどへの探索欲求が高まるだろう。あるいは，その結果として，当該取引に固有の情報を提供することに適した人的コミュニケーションを含むメディアへの依存度が高まることも想定される。

　以上のような視点で，成分ブランドがもっている固有の効果について考察することにより，より効果的な広告コミュニケーションの可能性に関する示唆を得ることが本書の第二のねらいである。

　これまで，成分ブランドに関する研究は最終消費者の購買意思決定という文脈に限定されていた。成分ブランドに関する知見を製品開発や組織購買行動の文脈において展開することは，これまで結び付けられなかった研究領域の架橋を試みるものであり，意義のあるものであるといえよう。

2　本書の構成

　本研究の目的は，成分ブランドの効果を組織内部（製品開発）と外部（顧客の購買行動）の視点で検討しようとするものである。前半の第2章～第6章では製品開発の局面における成分ブランドの効果に，そして後半の第7章～第9章では購買組織に対する効果に注目する。

　まず第2章では，成分ブランドの効果について，複数の成分ブランドの事例を調査する。具体的には，認知度の高さと拡張可能性の軸に沿って選定された複数の成分ブランド事例をみていくことによって，成分ブランドを製品開発の視点で議論する際の次元を明確にする。第3章では，成分ブランドが製品開発プロセスにどのように関わりうるのかを，製品開発の先行研究をレビューする

ことによって議論する。本章での目的は，あくまでも製品開発と成分ブランドの接点を探ることであり，この段階で研究の範囲を絞り込むことはしない。新たな研究領域やテーマを設定する際に，現実とかけ離れた問題設定を行うことを避けるためである。

　第4章ではより詳細な事例調査を行う。第3章までで抽出された論点は，本章のインタビュー調査における質問に組み込まれることとなる。さらに絞り込んだ事例については，インタビュー調査以外にも2次データの収集を行い詳細に分析する。インタビューを含む事例の詳細分析の目的は，成分ブランドの製品開発における役割や貢献を絞り込んで，さらには仮説構築のためのフレームワークを導出することにある。

　さらに第5章では，成分ブランドならびに製品開発に関わる先行研究と複数の事例に関するインタビュー調査・分析結果を踏まえて，成分ブランドの製品開発における効果に関する仮説の構築を試みる。さらには概念の操作化を行い，質問票に落とし込む。引き続き第6章では，日本における製造企業の製品開発関与者に対して質問票調査を実施するとともに，設定された仮説の検証ならびに考察を行う。さらに，仮説検証結果を踏まえ，成分ブランドの製品開発プロセスへの影響をコミュニケーションの視点から考察する。

　一方，本書の後半は購買組織に対する成分ブランドの効果である。第7章および第8章において，文献レビューによる鍵概念の抽出，および理論仮説を導出する。まず第7章では，組織購買行動ならびにBtoB領域におけるブランド研究をレビューする。この領域の研究は，組織購買行動論として発展してきた。そこでは，意思決定プロセスや購買に際しての重視属性，あるいは購買センターのメンバーの役割や影響力などについて多くの研究がなされている。特に本研究では，成分ブランドの効果を明らかにするという問題意識に対して，購買に関わる個人の態度や知識に焦点を当てなければコミュニケーション効果に関するインプリケーションが得られないと考えている。BtoB購買におけるこういった視点での研究は限定的ではあるが，本研究では周辺分野に範囲を拡大し詳細にレビューしながら，鍵概念の抽出を試みるものとする。

次に第8章では，成分ブランド領域に関する先行研究をレビューする。その際，産業財領域における研究のみをレビュー対象にするのではなく，消費財や関連諸分野における先行研究にも範囲を拡げた上でレビューを行う。先行研究を本研究における目的と照らし合わせると，受け手が一般消費者に限定されるケースがほとんどであり，より包括的な概念モデルの構築においては，広範なコミュニケーション対象を前提として，フレームワークを構築することが必要となる。つまり，産業財ユーザーや企業の研究開発部門のエンジニアや製品開発の担当者などを対象として含めることが，本研究の独自の視点となる。したがって，組織購買行動に関する先行研究を詳細に追っていくことが欠かせない。以上の作業を通じて，本研究が焦点とする鍵概念，および，概念間関係に関する命題について，仮説として抽出する。

　続く第9章では，仮説検証のための調査設計，経験データの収集および分析，検証結果の解釈を行う。そして，最終章では，本研究が掲げた研究目的と照らし合わせつつ，理論的，実務的貢献について考察する。同時に，本研究の有する限界や今後の展望についてまとめる。

第2章 成分ブランドの実際

1　成分ブランドの具体例

　成分ブランドとは，平たくいえば，最終製品を構成する一部の機能，部品，要素技術，サービスなどをブランド化したものを指す。こういった成分ブランドは，世の中に少なからず存在している。古くは，ゴアテックス，テフロン，ドルビー，ケブラーなどがあげられるし，あるいはペンティアム，テンピュール，キシリトール，アクオス，プラズマクラスター，ハイドロテクト，ヒートテック，アイサイトなど近年高い認知度を有していると思われるような有名な成分ブランドも多く存在する（図表2-1）。

　たとえば，プラズマクラスターやハイドロテクト，富士重工業のアイサイトなどは技術であり，特徴のある技術や機能に対するブランドである。こういった技術は，時としてモジュールとして部品に組み込まれるので，部品のブランドと呼んでもよいかもしれない。一方，テフロンやウールマークなどは，素材である。また，キシリトールやLG21のように，食品の材料として使用されるものもある。

　以下においては，よく知られている成分ブランドをいくつか選び，その概要を調査するとともに，成分ブランドと製品開発との関連を議論する際の分析軸の導出を試みるものとする[1]。

　まずは，Bluetoothをみてみよう。Bluetoothは，東芝，エリクソン，インテル，IBM，ノキアが中心となり提唱されたものである。1998年9月にBluetooth Special Interest Group（SIG）が設立され，その後Bluetoothの普及

図表2－1　成分ブランドの例

カテゴリー	ブランド名	企業	製品機能	ロゴ等
技術	プラズマクラスター	シャープ	除菌イオン	Plasmacluster
技術	ハイドロテクト	TOTO	環境浄化技術	HYDROTECT
技術	Bluetooth®	Bluetooth Special Interest Group（SIG）	無線通信技術	Bluetooth
部品	インテル®Core™	インテル	プロセッサー	intel Core
食品	LG21	明治	菌株	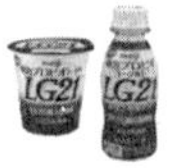
素材	テフロン	デュポン	フッ素樹脂	Teflon
素材	ウールマーク	ウールマーク・カンパニー	ウール	WOOLMARK

注：ブランド名およびロゴはそれぞれの企業の登録商標である。

を目的として非営利の産業団体として活動している。Bluetooth SIG自体ではBluetooth対応製品の製造や販売を行っていない。SIGは9,000社を超えるメンバー企業を抱えており，メンバーは，電気通信，コンピュータ，自動車，音楽，アパレル，工業オートメーション，ネットワークの各業界に広がっている。

Bluetoothは1994年にエリクソン社内のプロジェクトとして開発が始まった。1998年にはエリクソンや東芝などの５社でBluetooth SIGを設立，同時にBluetoothという名称を発表した。1999年７月にはBluetooth仕様書Version1.0が発表され，2000年には初のPCカード，携帯電話，2001年にはプリンター，ノートPC，2002年にはキーボードやマウス，GPS受信機，2003年にはMP３プレイヤーが発売された。この頃日本でもBluetoothが普及し始める。

Bluetoothは，高度なセキュリティを維持したまま携帯デバイスや固定デバイスのケーブル接続技術の代わりとして機能する近距離の無線通信技術であり，堅牢性，省電力，低コストであるところに特徴がある。また，幅広い範囲のデバイスが相互に接続および通信できるように詳細に規格がきめられている。

　Bluetoothのように業界横断的な主体が成分ブランドを構築し管理するものもあれば，特定の企業によって管理されるものもある。たとえば，シャープの除菌イオン（プラズマクラスター）がこれに該当するだろう。除菌イオンは自然界に存在するイオンであり，浮遊する雑菌の細胞膜を破壊し除去することができる。空気中のアレル物質（ダニのふん・死がい，花粉）の作用やカビが繁殖する際のカビ臭さを抑え快適な室内環境を守ることができる。また，飛び交うウイルスにも効果を発揮するとされる。2001年3月には「インテリジェント材料シンポジウム」において，最優秀論文賞を受賞し，その他国内，海外の研究機関でも効果が実証されている。シャープの展開商品としては，空気清浄機，エアコン，加湿器，コンビニクーラー，掃除機，イオンコンディショナー，セラミックファンヒーター，生ゴミ処理機などがある。その一方，各企業への供給も積極的に行われている。

　Bluetoothやプラズマクラスターは技術のブランドであるが，素材分野でのブランドはさらに広くみられる。たとえば，よく知られた素材の成分ブランドとして，ゴアテックスやテフロンをあげることができるだろう。ゴアテックスは，W. L. Gore & Associates社（米国）が開発・販売する防水透湿性素材の商標名である。日本における製品開発・製造・販売は，株式会社潤工社とW. L. Gore & Associates社の折半出資（その後潤工社は株式譲渡）により1974年設立された日本ゴア株式会社が行っている。

　ゴアテックスは1969年に現在のゴア社会長ロバート・W・ゴア氏により発明され，1976年にアメリカのEarly Winters社のテントに採用された。以降，主にアウトドア用品，特にレインウェアなどを中心に多く採用されるようになる。1982年にはスキーウェアにおいて防水透湿性素材としてのポジションを確立した。以降，ファブリックス，インダストリアル，メディカルの3事業分野で製

品展開を進め，現在ではこれらにエレクトロケミカル，エレクトロニクスなどを加えた事業分野において製品開発を行っている。

　ゴアテックスの最大の特徴は防水性と透湿性を両立させていることである。ポリテトラフルオロエチレンという材料を延伸加工したフィルムとポリウレタンポリマーを複合化して製造したものであり，これによって水蒸気は通すが水は通さない微細な孔を形成している。ゴアテックスの用途分野はエレクトロニクス，メディカル，ファブリクスなど多岐にわたっている。

　こういった素材や技術のブランド化は日本でも多くみられる。たとえば，TOTOのハイドロテクトはTOTO独自の光触媒技術である"超親水性技術""有機物分解性技術"のいずれかを有する製品に付けられるブランドである。1998年に開発され，2006年には恩賜発明賞を受賞している。

　この技術はTOTOが東京大学藤嶋昭教授（当時）と共同で開発した「光触媒薄膜の利用技術」をさらに発展させ，超親水性効果を高めたものである。光触媒超親水性技術とは素材の表面に分子レベルでの水分薄膜を形成し，「超親水性（水をまったく弾かない）」を付与できる世界初めての技術だった。この光触媒超親水性薄膜を素材表面に固定化すると表面は水をまったく弾かず水になじんでしまうため，「水滴ができず曇らない」，「汚れが水で簡単に洗い流せる」などの効果を半永久的に発揮することができるという。ハイドロテクトは「光

図表2－2　ハイドロテクトの効果

- セルフクリーニング効果：汚れを分解，雨で落とす
- 抗菌効果：細菌の繁殖を抑える
- 空気浄化効果：活性酸素で分解・浄化する
- 抗カビ効果：カビの繁殖を抑える

出所：TOTO株式会社ホームページ。

図表2－3　ハイドロテクトの用途

外装材

タイル

外装コーティング材
(戸建住宅・マンション・
ビル他向け)

ガラスコーティング材
(ビルなどのカーテンウォール・
トップライト向け)

内装材　　　　　　　　生活用品　　　　　　　カー用品

出所：TOTO株式会社ホームページ。

触媒作用」によって「分解力」と「親水性」の働きが生み出され，セルフクリーニング効果，大気浄化効果，抗菌効果，防臭効果などを有している（図表2－2参照）。こうした多様な効果を利用し，さまざまな業界で活用されている。主な製品・用途は図表2－3のとおりである。光触媒技術による特許を積極的にライセンス提供しており，現在60社以上が活用している。抗菌やセルフクリーニングといった効果は，適用された製品においては付加的な二次機能であり，業種横断的にさまざまに活用される可能性を有しているといえる。

同様に近年多くみられるのが，食品分野の成分ブランドである。たとえば，その1つであるヘルシーリセッタは日清オイリオグループで製造・販売している食用油である。ヘルシーリセッタは2003年に発売され，2004年にはリセッタドレッシングソース，リセッタソフトが発売されている。ヘルシーリセッタは特定保健用食品の許可を受けている食用油で，体に脂肪がつきにくい機能が特徴である。ヘルシーリセッタに含まれる中鎖脂肪酸は，長鎖脂肪酸に比べて肝臓で効率よく分解され，体内に蓄積されにくいとされている。

油の主成分である「脂肪酸」にはさまざまな種類があり，分子が鎖状につな

図表2-4　リセッタの主な製品・用途

出所：日清オイリオグループ株式会社より提供。

がっていて，その「長さ」によって分類される。一般的な油は，分子の鎖が長い「長鎖脂肪酸」から成り立っているが，ヘルシーリセッタに含まれる「中鎖脂肪酸」は，鎖の長さがその約半分の脂肪酸であり，ココナッツやパームフルーツに含まれる天然成分である。この分子の長さの違いが，「中鎖」という名前の由来にもなっている。

　菜種を原料とする植物油をベースに，中鎖脂肪酸を独自のエステル交換技術で加えることにより，中鎖脂肪酸の機能を食用油として活かすことが初めて可能となった。それが日清オイリオの特許技術である。トリアシルグリセロールという油本来の分子の形で，食品としてのおいしさに加え，調理適性を備え，科学的に裏付けされた健康機能をあわせもつことが可能となった。主な製品・用途は図表2-4のとおりである。

　自社製品では，食用油以外にリセッタドレッシングソースがある。その他，他社製品の展開例としてキユーピータルタルソース リキッドタイプ（キユーピー），まぐろフレーク油漬（あけぼの），健康フライ（ロックフィールド）などがある。

図表２−５　LG21を用いた製品群

出所：株式会社明治ホームページ。

　同様に，食品分野で最近急速に拡がりをみせつつあるのが明治のLG21である。LG21は2000年に「明治プロビオヨーグルトLG21」として発売された。これは東海大学医学部の古賀泰裕教授の研究グループと明治乳業（現 明治），わかもと製薬の協力によって製品化した新しい菌種の製品である。2002年には「明治プロビオヨーグルトLG21ドリンクタイプ」が発売された。

　LG21の正式名称はLactobacillus Gasseri（ラクトバチルスガッセリー）OLL2716株である。もともと人の体内にある菌であり，口から摂取することにより，菌体が胃内で生存しながら胃粘膜に接着し，乳酸を分泌する。除菌性および感染防御性について特許が取得されている。ネーミングの由来頭文字の"L"と"G"，そして21世紀への飛躍に願いを込めて菌株ナンバーの"2"と"1"をとり，LG21と名付けられたという。主な製品・用途としては自社のヨーグルト，乳酸菌飲料に使用されている（図表２−５参照）。

　素材や食品領域における成分ブランドとともに広くみられるのが部品のブランドである。たとえば，AQUOSはシャープの液晶テレビを中心とする映像関連機器のブランドである。AQUOSはシャープがそれまで発売していた液晶テレビ「ウィンドウ」の後継機種として2000年12月に登場した。

　2003年6月には液晶テレビ初の地上デジタルチューナー内蔵モデルを発売し，2005年8月に液晶テレビでは世界最大（当時）の65V型モデルを発売した。2006年5月には液晶テレビの単一ブランドとしては初となる「発売以来の累計出荷台数1000万台」を突破した。また同時期に初代AQUOSケータイが発売さ

れた。また，松下電器産業（現 パナソニック）のビエラリンクに追随して「AQUOSファミリンク」を採用し，これにより同社製DVDレコーダーのシェアを伸ばしている。2007年12月にはシャープと東芝が，液晶パネルと半導体分野における事業提携を発表した。2008年2月にはシャープとソニーが，大型液晶パネルの生産等を行う合弁会社の設立を発表し，シャープがソニーにAQUOS技術の液晶パネルを供給している。

　以上，業界横断的にいくつかの成分ブランドについてその概要を述べてきた。ここでの事例によって，いくつかのことが示唆される。まず，成分ブランドには，自社で開発されたものもあれば，他社で開発されたものを利用するケースもあり，それをパラメータとして製品開発上の効果が検討されなければならないという点である。自社開発の成分ブランドを自社で製品に組み込み，そして消費者や顧客に販売するのがコントロールの容易さからいえば理想ということだろうが，成分ブランドを議論する際には必ずしもそのような限定的なケースばかりではない。

　次に，企画，開発した成分ブランドを外販するかどうかという問題である。たとえば，シャープのプラズマクラスターやAQUOSのように積極的に外販（コラボレーション）する企業もあれば，反対に明治のLG21のように，どちらかといえば外販に消極的とみえる企業もある。この点も成分ブランドを議論する際には重要な視点となろう。

　3点目として，最終製品における成分ブランドが占める重要性が，成分ブランドを議論する上での一要素になりうるという点である。たとえば，ヘルシーリセッタやLG21などは，最終製品形態でのコンセプトの中できわめて重要な役割を有す。これは，AQUOSのような液晶パネルでも同様かもしれない。その一方，最終製品ではある1つの機能を構成するに過ぎないような成分ブランドも存在する。たとえば，Bluetoothがこれに当てはまるだろう。このように，最終製品における成分ブランドの重要性を識別することが，成分ブランドの効果を議論する上で欠かせない。

　4点目は，やはり何らかの対象者の認知度の高さとともにブランド価値が生

まれるのであって，そうでなければ，成分ブランドは技術の名前やコードネーム，あるいは部品番号と何らかわらないということである。ここで取り上げたブランドは，比較的よく知られているブランドであるが，これがきわめて低い認知度であれば，その効果を議論するのは無意味なものとなってしまう。この点に関しては節をあらためることにする。

2　成分ブランドの認知状況と消費者行動

　本節では，成分ブランドの認知度や消費者の認識について，2009年6月に行った成分ブランドに関する調査によってその実態をみてみることとする。まず，いくつかの成分ブランドに関する一般消費者の（再認）知名率は，次頁の図表2-6に示すとおりである。AQUOSやテフロンは8割を超える知名率となっている。一方，Bluetoothやハイドロテクトなどは必ずしも高い知名率とはなっていない。

図表2−6 成分ブランドの知名率

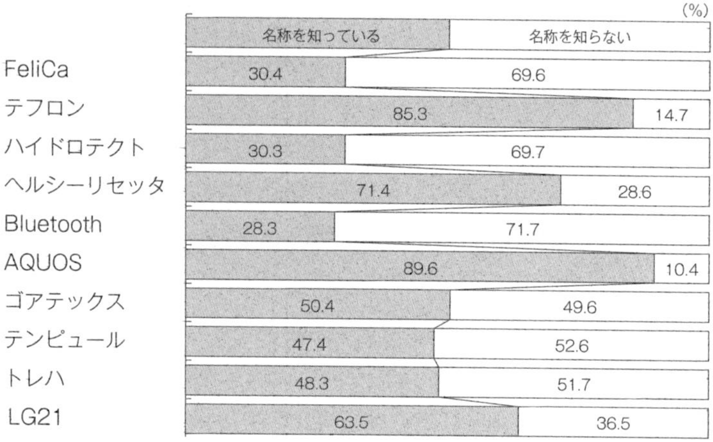

(%)

成分ブランド	名称を知っている	名称を知らない
FeliCa	30.4	69.6
テフロン	85.3	14.7
ハイドロテクト	30.3	69.7
ヘルシーリセッタ	71.4	28.6
Bluetooth	28.3	71.7
AQUOS	89.6	10.4
ゴアテックス	50.4	49.6
テンピュール	47.4	52.6
トレハ	48.3	51.7
LG21	63.5	36.5

注：n=720

　次に，買い物をする際に，成分ブランドを気にするかどうかという質問を行った。その結果，「非常に気にする」，「気にする」，「どちらかといえば気にする」をあわせ54％の回答者が気にすると答えている（図表2−7の左のグラフ参照）。また，最も多い回答が「どちらかといえば気にする」であり，38％という結果となった。

　一方，成分ブランドと消費者の購買に際しての信頼感の関係を図表2−7（右のグラフ）に示す。成分ブランドが記載されていることにより，何らかの信頼感を得ると回答した者は全体の84％を占めた。また，「信頼がおける製品だとは全く感じない」など信頼感に否定的な回答者は10％程度であり，全体的に成分ブランドが消費者に信頼感を与えているという結果となっている。

　図表2−6および図表2−7からいえることは，成分ブランドが消費者の購買行動に強く影響していること，とりわけ，信頼がおける製品としての印として機能しうることが示唆として得られる。

図表2-7　購買に際しての成分ブランドの影響

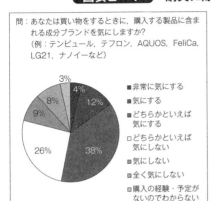
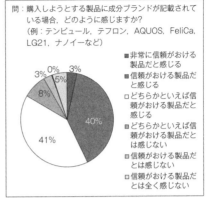

注：n=410

3　成分ブランドに関する研究

　本章では，成分ブランドの実態や消費者に対する認知の水準などを1次データ，2次データによって考察してきた。本章の最後に，学術的な視点からこれまでどのような研究がなされてきたのかを概観する。

　成分ブランドに関する研究は，1990年代に大きく拡大し始めたが，その後の研究は大きく3つのカテゴリーに分類される。その第一は，効果に関するものである。たとえば，Levin et al. (1996) では，さまざまな戦略を紹介し，コ・ブランド戦略の効果について検証を行っている。そこでは，菓子を使って知名度の高い成分ブランドと提携した製品では，消費者の評価を高めることや，成分ブランドに対する否定的な評価がコ・ブランド製品の評価を低下させることを実験により明らかにしている。

　Clayton and Surinder (1995) でも，コ・ブランディングの視点で，成分ブランドの消費者評価への影響やコ・ブランディングが効果的となる条件を導出している。このように，成分ブランドの効果については，コ・ブランディング

という枠組でとらえられることが多い。

　一方，こういった研究が扱う効果を成分ブランドの一般的な効果と呼ぶならば，より特定した形でその効果をとらえたものも少なからず存在する。たとえば，Park et al. (1996) では，概念的組み合わせに関する実験を行い，コ・ブランドの方が個別拡張よりも受容度が高く，製品の評価は修飾される概念に引っ張られることを明らかにした。

　また，Vaidyanathan and Aggarwal (2000) は，ＮＢ（ナショナルブランド）の成分ブランドについて，自らの評価を下げることなくＰＢ（プライベートブランド）商品への態度を改善することの可能性について実験を行い，ＮＢの成分ブランドを有したＰＢ商品はより肯定的に評価され，かつＮＢの評価が下がることがないことを明らかにしている。この２つの研究は，成分ブランドのフィードバック効果であり，前述の一般的な効果と識別してよいかもしれない。

　成分ブランドの効果に関する研究の一角をなすのが，コ・ブランドの価格プレミアム効果に関するものである。たとえば，Venkatesh and Mahajan (1997) は，成分ブランドによって価格プレミアムが期待できることを明らかにした。また，梁 (2009) でも同様の研究により，成分ブランドの価格プレミアム効果が20％程度期待できることを明らかにしている。

　一方，成分ブランドとコ・ブランドとはその戦略や効果について区別することが欠かせないだろう（Kotler and Pfoertsch 2010）。たとえば，Rao and Ruekert (1994) によると「コ・ブランディングはブランド・バンドリングやブランド・アライアンスとも呼ばれ，２つ以上の既存ブランドが何らかの形で１つの製品に統合されるか一緒に販売されるときに発生すること」としている。そして，成分ブランドは「特定ブランドにおけるキー属性が，別のブランドに成分として組み込まれたもの」（Desai and Keller 2002）である。図表２－８は，コ・ブランドと成分ブランドを比較したものである。

　コ・ブランドには，よく知られている２つのイメージが統合されるので，製品の斬新性やユニークさなどが高まる効果がある。また製品導入にかかるコストを引き下げ，流通段階における採用の可能性も高めてくれる。他にも，差別

図表2-8　コ・ブランドと成分ブランドの比較

	定義	特徴	長所	短所
コ・ブランド	B1, B2:Brand1, Brand2（B1とB2の重なり図）	・認知度の高い2つのブランド・イメージの統合（例：デジタルカメラと有名ブランドレンズ）	・製品導入のコスト引き下げができる ・流通段階の採用の可能性が高まる ・差別化できる	・他のブランドと並列されることによるリスクとコントロールの欠如
成分ブランド	Ingredient Brand (IB) / Host Brand (HB)（入れ子図）	・ホスト製品（HB）がその成分（IB）を含んでいることを伝えるシンボルやロゴがある（例：ペンティアムとVAIO）	（成分ブランドにとって） ・消費者のデマンドを創り出す ・安定的な顧客需要を獲得できる （ホストブランドにとって） ・ホスト製品のブランド・エクイティを高める	・一般的にはマーケティング費用が高い傾向がある ・当該成分に革新性などが求められる ・供給側と製造側の調整が難しい

化ポイントがあまりないカテゴリーでも，コ・ブランドとなることで差別的な製品とすることができる。短所として，他のブランドと同列に並べられることによりリスクが生じることやコントロールしにくいことが考えられる。

　一方，成分ブランドの目標は，当該成分を含まない競合製品に対する十分な認知と選好を確保しようとするところにある。部品や素材（成分）をブランディングすることで，消費者の「デマンド」を創りだすことができる（崔 2008）。そのため，より高いマージンでの売上を増やすことができ，あるいは顧客需要を安定させ拡大し，供給業者と購入企業との長期的な関係を構築することが可能である。さらには，ホスト製品のブランド・エクイティを高めるために成分ブランドのエクイティを活用することができる。

　成分ブランド研究の2つ目のグループは，成分ブランドへの態度による製品評価への影響を検討するものである。Desai and Keller（2002）では，新規の

成分ブランドか既存の成分ブランドかによって，消費者の新規ラインエクステンションへの評価がどのようにかわるか実験によって考察している。また，McCarthy and Norris (1999) でも製品評価への影響を検討している。ここでは，ブランド化された成分によって製品知覚や信念，評価，購買確率が向上すること，成分ブランドは中程度の品質の親ブランドでは知覚を向上させるが，高品質の親ブランドでは，知覚向上の効果は限定的であることを実験によって明らかにしている。さらに，岡本 (2003) では，成分（要素技術）ブランドの知名率と知覚品質の関係の他に成分ブランドのコミュニケーション内容と知覚品質の関係について定量的に議論しており，興味深い結果が得られている。これらの研究は，成分ブランドそのものが消費者にどのように捉えられているかによって，その後の成分ブランドの効果も異なってくることを提示している。

　成分ブランドに関する研究の3つ目のグループは，実際の成分ブランドに関する事例に関するものである[2]。たとえば，成分ブランドのサプライヤーは，ブランド化された成分を機能性飲料に提供することで差別化の源泉を与えているという指摘 (Heather 2005) や，インテルやデュポンにならいつつ，食品や飲料のパッケージングにおいて成分ブランドを表記することの重要性が指摘されている (Buss 2005)。

　これらの研究では，成分ブランドが事例紹介として取り上げられるものが多いが，詳細な事例研究によって成分ブランドの効果を扱うような研究もいくつかみられる。たとえば，崔 (2008) では，「ライクラ」について，詳細な事例研究によりその顧客の顧客戦略を識別し[3]，2つの成分ブランド効果を提示している。1つ目は，デマンドプル効果で，川下の消費者や小売を刺激することで，その上段の買い手企業の購買が促される効果である。2つ目が，デマンドプッシュ効果で，評価の高い完成品ブランドと共同マーケティングを行うことで，小売や消費者からのイメージを高める効果，つまりサプライチェーン上の完成品メーカーを利用し，流通や消費者を刺激する効果である。

　以上成分ブランド研究を概観してきた。これらの研究潮流の多くに共通するのは，成分ブランドが最終製品に含まれることにより，消費者対応にいかなる

影響があるかを問題意識としている点である。

　ブランド研究における成分ブランドは，特定ブランドを強化するための二次的ブランド連想の一類型として位置付けられる。成分ブランドが特定ブランドに追加されることにより，特定ブランドの品質評価が改善したり（Desai and Keller 2002），知覚リスクが低減したり（McCarthy and Norris 1999）するなど，さまざまな効果があることが，特に消費者行動の視点から指摘されている。

　成分ブランドに関する既存研究は，そのほとんどが消費者反応における効果について検証するものである（たとえば，Levin et al. 1996；Clayton and Surinder 1995；Desai and Keller 2002；McCarthy and Norris 1999；Park et al. 1996；Vaidyanathan and Aggarwal 2000など）。言い換えれば，企業の生産活動の結果としての最終製品に対する消費者反応において，成分ブランドがいかなる効果を有するかについて考察するものが大多数といってよい。

　本研究は，特に企業の購買行動と成分ブランドとの関連の中で，成分ブランドのもつ効果について考察しようとするものである。製品の企画や開発過程における成分ブランドの効果について考察することも，企業が持続的な競争優位性を構築するためには同様に重要なものであり，この点が本研究の独自の視点になり得ると考えている。

◆注

1　本章におけるBluetoothに関する記述は，Bluetooth SIG, Inc. のホームページを，除菌イオン，プラズマクラスターおよびAQUOSに関する記述はシャープ株式会社のホームページを参考にした。また，ゴアテックス，ハイドロテクト，ヘルシーリセッタ，LG21に関する記述はそれぞれ，W. L. Gore & Associates, Inc., TOTO株式会社，日清オイリオグループ株式会社，株式会社明治のホームページを参考にした。
2　ここで紹介する論文の他にも，加賀谷（2002），松尾・崔（2004），森（2003），木之本（2003）など参照のこと。
3　顧客の顧客戦略については，桑嶋（2004）でも検討が行われている。製品開発との関連の中で，素材メーカーの顧客の顧客戦略の有効性が議論されている。

第3章 製品開発プロセスにおける成分ブランドの関わり

　本書における関心の1つは，成分ブランドが製品開発プロセスに与える影響である。前章までに成分ブランドに関する実態や先行研究をみてきた。本章では製品開発プロセスに注目し，成分ブランドの組織内における効果との関連の中で先行研究を整理する。

1　製品開発プロセス

　製品開発プロセスについては，これまでに，多くの研究が蓄積されている。製品によっても大きく異なるし，また，組織の規模や成り立ち，あるいは市場によっても異なるのだが，よく知られたマーケティングのテキストであるKotler（2000）にもあるように，いくつかのステップに分けて捉えることができる（図表3-1）。

　一般に製品開発はいくつかのステップが連続的に連なって，最終的に商品化され上市されると考えてよいであろう。こういった連続的に行われるプロセスでは，まず，製品の開発方針が決められ，その後製品のもつ便益や競争上の差別化ポイントがターゲットにあわせて決定され，さらには，それが製品として形あるものにするべく設計に落とし込まれ，そして発売あるいは改良といった最終ステップへと移っていく[1]。

　本研究との関連では，製品開発プロセスにおいて，成分ブランドがどの段階でどのような影響を与えるかという点を考察することが欠かせない。製品開発プロセスをブラックボックスとして，成分ブランド→業績といういわば入り口と出口の相関をみていこうというのが本研究の趣旨ではない。「成分ブランドの効果」を説得力のあるかたちで提示するためには，製品開発の個々の段階に

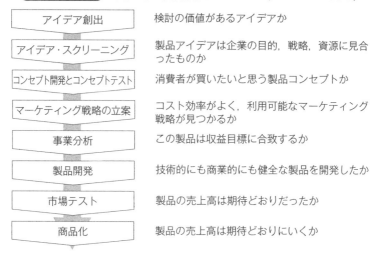

出所：Kotler（2000）邦訳，p.416．

おいて，現場でどのようなことが起こっているのかを詳細にみていかなければならない。したがって，段階的な行為の連続としてとらえられる製品開発プロセスにおいて，個別の行為という箱ごとに成分ブランドとの関わりを考察することになる。

製品開発プロセスにはこうした多様な段階が含まれることから，結果として，新製品が市場で成功する可能性は低いものとなりがちである。たとえば，Griffin（1997）の1995年に行った大規模アンケートの結果によれば，市場に投入された新製品の成功率は59％程度となっている。また，1982年にBAH（Booz, Allen & Hamilton）が行った調査でも新製品の成功率は55％〜60％のレンジであり，さらに食品業界を中心とした消費者パッケージ財の成功率はこれより低い可能性があるという（Booz, Allen & Hamilton 1982）。日本でも，恩藏（1995）によれば，日本のメーカー225社を対象に行われた調査の結果（1989年データ），食品業界を除けば成功率はほぼ55％程度となっている。

成功率に関しては多くの研究者がさまざまな視点からの分析を試みている。

図表3−2　代表的な製品開発プロセス（河野 2003）

（1）開発方針	①長期製品・市場戦略 ▼ ②開発製品の確定，新製品の基本設計 ▼ （プロジェクトチーム）
（2）アイデアと 　　製品コンセプト	①市場セグメントと製品差別化の方針 ▼ ②ニーズの探索，コンセプト・仮説の設定
（3）試作とテスト	①製品特性の列挙，試作とテスト ▼ ②製品特性の組み合わせの評価・選択 ▼ ③ネーミング・パッケージ・広告の決定 ▼ ④テストマーケティング
（4）発売 　　実績検討	①発売 ▼ ②実績調査

出所：河野（2003），p.45を一部修正。

たとえば，図表3−1，3−2のようなシーケンシャルな製品開発プロセスではなく，各段階が相互に並行的な活動として行われる際に，製品開発がよりスピーディに進められることが指摘されている。いわゆるラグビー型製品開発である（図表3−3参照）。迅速な製品開発によって，市場ニーズが変化しないうちに上市が可能になったり，あるいは，競争の激しい環境において先発者の優位性を築いたりする可能性が高まる。

図表3-3 ラグビー型製品開発プロセス

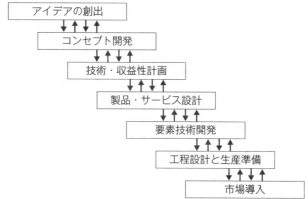

出所：石井他（2004），p.62。

　製品開発を成功に導くためには，企業の能力（や資源）と市場（消費者）のニーズを合致させ，企業の戦略と目標を満たすことが出来るであろう市場を発見し選択することが必要である。このことは，市場のニーズに企業の能力が適合しなければならないということであり，市場のニーズに合致したコンセプトをもつ製品を提供できなければならないことを意味する。

　この点に関して，たとえば，Henard and Szymanski（2001）は，市場ポテンシャルの他に，製品ニーズとの合致，製品の差別性・優位性と成功率との相関が高いと指摘するとともに，製品の革新性は他の要素に比べ相関が低いことも明らかにしている。一方，市場の理解なしに開発者の頭に浮かんだアイデアを製品化するといった傾向をもつ製品開発では成功率は低いものとなる（Goldenberg et al. 2001）。

　技術やコンセプト上の新しさという点では，企業にとっての新しさ（たとえば技術上の新しさ）は成功率がやや低く，技術的に画期的な製品だからといって成功率が高まるわけではない（Goldenberg et al. 2001）。一方，消費者にとっての新しさが「中程度」の製品の成功率が最も高く（69.6％），新しさが「高

い」製品（56.4％）を上回っている。もちろん，新しさが「低い」製品は最も成功率が低い（25.0％）ということも考慮して検討する必要があるが，消費者は新しさがない新製品は好まないが，現状から離れすぎたあまりに革新的な商品も敬遠すると解釈することができる。この点においては，成分ブランドによって，ある程度消費者に浸透したコンセプトを，他のカテゴリーで活用することは，成功率を高めるための一方策となりそうである。

　こういった製品開発プロセスをいくつかの段階に分類し，活動内容や独立変数を特定し，製品開発の成功/失敗と結びつける一連の研究[2]では，上述のような製品開発の企画やコンセプトメーキングを強調する研究群とともに，どちらかといえば製品設計や製造などに焦点を当てる研究群が存在する。そこでは，設計・生産活動を中心にモデルが定式化され，製品コンセプトを具現化するプロセスを工学的な設計論の観点から説明する点に特徴がある。たとえば，Ulrich and Eppinger（1995）では，製品開発は「コンセプト開発」「システム設計」「詳細設計」「テストと改良」「生産開始」の5段階に，あるいは藤本（1997）でも「製品コンセプト」「機能設計」「構造設計」「工程設計」の4段階に，延岡（2002）では「製品企画」「設計開発」「要素技術開発」「生産準備」「開発管理」の5段階に沿ってタスクが遂行されると指摘される（図表3－4参照）。

図表3－4　設計・生産活動を中心に展開されたモデル

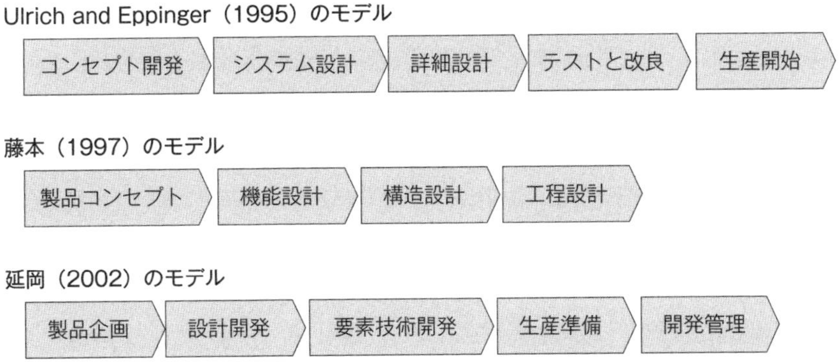

Ulrich and Eppinger（1995）のモデル

コンセプト開発 → システム設計 → 詳細設計 → テストと改良 → 生産開始

藤本（1997）のモデル

製品コンセプト → 機能設計 → 構造設計 → 工程設計

延岡（2002）のモデル

製品企画 → 設計開発 → 要素技術開発 → 生産準備 → 開発管理

図表3-4に示すとおり，どちらかといえば設計や生産活動などを細かく分類したモデルも複数提案されており，とりわけ生産管理や組織論の研究者において数多く提示されている。この点に関連し，Krishnan and Ulrich（2001）は，製品開発研究には，「マーケティング」「組織」「工学設計」「生産管理」という4つのパースペクティブがあるとし，それぞれのパースペクティブごとに思考の偏重がみられがちであることを指摘している。

　依拠するディシプリンによって以上のような強調段階の差は存在するものの，製品開発プロセスの各段階において，どのような要因が製品開発の成功と結びついているかという問題意識をもつ点は共通している[3]。これらの製品開発領域の先行研究を踏まえて，成分ブランドの効果を議論するとどのようなことがいえるだろうか。比較的一般的かつ網羅性が高く，またマーケティング活動もしくは技術開発・設計活動への偏りが少ないCooper（1996）のステージゲートモデル（図表3-5参照）に沿って検討すると以下のようになるだろう。

　Cooper（1996）の提示するステージゲートシステムとは，ステージごとに評価ポイントを設け，その先を継続するか否かの意思決定を行うという，フェーズ・レビュー・プロセスを発展させたものである。特徴としては，各段階において，部門横断的な協働が必要だと言及している点，全段階で市場志向を徹底させる点，製品開発の全体をとらえている点，などがあげられる。また，開発前のステージを重要とみているが，この点は，開発前の活動における不確実性を低減させることが製品開発の成功に結びつくというKhurana and Rothenthal（1998）によるFFE（Fuzzy Front End）理論への展開につながる。

　本モデルでは，初期のステージで開発する製品のコンセプトを明確にすることが重要であるとし，また，開発においては，各段階でマーケティング部門の参加を要する部門横断的なチームが必要であることを説いている。

　これを踏まえ，製品開発プロセスの各ステージで成分ブランドがどのような効果をもたらしうるかについて検討すると，次のようなことがいえるだろう。まず，「コンセプト開発」の段階では，成分ブランドの導入でアイデアをコンセプト化（顧客価値への翻訳）する作業が，既に相当程度行われていると考え

図表3-5 Cooper（1996）のステージゲートシステム

ステージ1 初期調査	ステージ2 詳細調査	ステージ3 製品開発	ステージ4 試作品作成・テスト	ステージ5 生産と市場導入
市場の推定，技術・ビジネスの評価	市場調査	初期試作品	新製品のマーケティングと生産の変更および確定	製品の商業化
技術とマーケティングによる少人数のプロジェクトチーム	新製品のための顧客需要・競合調査・コンセプト試行	限定顧客テスト	製品テスト（顧客フィールドテスト，試作品市場テスト，試作品工場内テスト，試作品営業）	市場導入計画，生産計画，モニタリングや市場適合など市場導入前の活動
	技術・生産の評価	生産工程		営業チーム等の新メンバーの追加
	財務，ビジネス分析	市場導入計画	全テストを終えた製品と生産工程，営業への最終準備	
	製品定義（ターゲット市場，製品コンセプトと便益，製品仕様）	次のステージへのテストプランの策定	ステージ3のチームメンバーの継続	
	次のステージの詳細プラン（必要資源，スケジュール）	品質管理，購買，営業，財務などを含む全部門のクロスファンクショナルチーム		
	技術，マーケティング，生産によるチーム			

出所：Cooper（1996）を修正。

られる。素材の価値（高い耐水性や透湿性といった）がブランド・コンセプトとしてすでに付与されている，あるいはそれが明確化（明文化）されていると考えられるため，多少アレンジする程度で済み，製品開発のスピードが速まるだろう。

一方，最終消費者に既に受容されているコンセプトを活用できるため，その後の上市の際のリスクは低減されることになる。また，もし成分ブランドが社内や消費者に広く認知された状況にあれば，製品化や上市に際しての稟議や承

認も円滑に行われるだろう。それに加えて，小売店をはじめとする取引業者に対しても製品説明などが円滑かつ迅速に行えるという効果も期待できる。

また，ブランド化されてない「技術」中心の製品開発に比べ，成分ブランドを使用した製品開発では，マーケティングや広告部門の関わりが少ない製品開発のステージでも，ブランド推進に関連してこういった部門が積極的に開発に関わりをもつことも想定される。結果として，マーケティング部門を巻き込んだ，部門横断的に活性化した製品開発になることが期待される[4]。次節では，以上のような視点に基づく先行研究をさらにレビューしていく。

2　製品開発の機能統合問題

製品開発における成功要因の研究は1960年代に本格的に始まった。初期の研究では，製品開発の成功要因が，多様な次元にわたることについて実証的に明らかにされた。顧客ニーズの理解などの重要性が指摘される一方，マーケティング部門と技術部門の部門間関係の重要性も指摘されている。近年はシーケンシャルな製品開発プロセスに沿った成功要因に関わる仮説命題の提示にとどまることなく，より包括的な視点での議論や検証が増えてきた。

たとえば，Montoya-Weiss and Calantone（1994）は，新製品の成功要因に関する実証研究のレビューを行っている。そこでは，製品開発の成功に影響する要因が4項目18要因に分類され，戦略要因や市場環境要因に加え，開発プロセス，組織要因について議論される。具体的には，戦略要因として，製品優位性，マーケティングシナジー，技術シナジー，戦略，企業の資源，市場環境要因として，市場潜在性，市場競争度，一般環境，また開発プロセス要因として，プロトコル，先行開発活動の熟練度，市場関連活動の熟練度，トップの支援，市場化スピード，開発コストなど，組織要因として，コミュニケーションなどによってモデルが構成される。また，Brown and Eisenhardt（1995）でも，先行研究を「合理的計画」「コミュニケーション・ウェブ」「規律ある問題解決」という分類で整理し，成功要因をより包括的に捉えようと試みている。

前節で製品開発プロセスに関するいくつかのモデルを紹介したが，そこで共通するのは，市場での販売を最終目標においた何らかの活動の集合が製品開発を構成するという点である。そのことは，製品開発がどのようなパースペクティブを取ろうとも，あるいはどのようなディシプリンに基盤をおこうとも，顧客のニーズが製品に反映されることが前提であり，このことはすなわち市場ニーズと企業の技術のマッチング作業に他ならないのである。それは必然的に，市場ニーズに関わる機能部門となるマーケティング部門（あるいは営業/販売部門）と技術に責任をもつ研究開発部門や製品開発部門（以下Ｒ＆Ｄ部門）との統合に関わる議論や研究を数多く生むことになる。

　このマーケティング部門とＲ＆Ｄ部門の統合問題については，古くはたとえば，Johnson and Jones（1957）が，製品開発におけるマーケティングとＲ＆Ｄの責任分担を整理した上で，マーケティングとＲ＆Ｄの両部門が共同責任を負うべきことを提示している。また，Gerstenfeld et al.（1969）では，政府研究機関と冶金研究所の91のプロジェクトについて，新製品失敗の要因は技術的理由よりも，むしろマーケティングとＲ＆Ｄの相互作用不足によることを発見している。

　そもそも，マーケティングとＲ＆Ｄはお互いに歪んだイメージを抱いており，それが両者の関係を悪化させているといった指摘もある（Bissell 1971）。この両者の関係は，資源の共有状況，相互依存性の程度，情報の保有状況，パワー構造の違いから，常に安定的でなく緊張状態にある（Weinrauch and Anderson 1982）。Weinrauchらは，さらに，両者の関係を，①「Ｒ＆Ｄ主/マーケティング従」，②「マーケティング主/Ｒ＆Ｄ従」，③「互いに無視・回避」，④「互いに対峙・重複領域あり」の4タイプに分類し，両者の関係が製品開発のパフォーマンスに相当程度影響すると指摘している。この点に関しては，Gupta, Raj and Wilemon（1985b）は，統合が必要とされる19の活動をリスト化し，高成果企業はそれらの活動の多くで統合を実現していることを発見している。

　マーケティング部門とＲ＆Ｄ部門の関係をこういった統合あるいは調和状態にするための方法に関しては，いくつかの提案がなされている。たとえば，上

述のWeinrauch and Anderson (1982) では,「共同会議」「相互学習プログラム」「マトリクス組織の導入やトップによるサポート」などを推奨している。また，Crawford (1984) では合意内容の文書化のための「プロトコルの導入」を提案しているし，さらに，見方を変えれば工学部門で研究の蓄積が多大な品質機能展開なども，市場ニーズと実現技術の接合のツールであり，これは，マーケティングとR＆Dの統合に寄与することになる（赤尾 1990；水野・赤尾 2000など参照）。

　成分ブランドが製品開発に対して，何らかの影響や効果をもたらすとするならば，上述のような部門間統合あるいは機能間統合のための道具として使用できる可能性が高い。Gupta, Raj and Wilemon (1985a) では，統合を「新製品開発の各段階におけるマーケティングとR＆Dの関与および情報共有の程度」と定義している。成分ブランドが消費者や取引先に広く認知されていれば，自ずと両部門のメンバーの製品開発プロセスへの関与は高くなるだろう。また，成分ブランドそのものが市場情報が組み込まれた主体であるから，成分ブランドを通して市場情報の共有が進むことも考えられる。

　こういった市場情報の共有は，市場志向という枠組の中で，その一要因として議論されてきたが，製品開発と成分ブランドの関連を議論する上では，成分ブランドの組み込みにより，組織に市場志向が浸透し，その結果として製品開発のパフォーマンスが向上することが期待できる。先に概観したCooper (1996) でも，製品開発の各段階において，部門横断的な協働が必要であると指摘され，そのためには，全段階で市場志向を徹底させるべきであるとされる。この製品開発の各ステージで，市場志向を徹底することが製品開発のパフォーマンス向上に欠かせないのである。

　製品開発の成功要因を概観してみると，常に，マーケティング分野に関わる要因と，技術や設計分野に関わる要因とが混在しており，その相互作用をもたらすための組織体系が言及されてきたことがわかる。しかし，製品開発の現場で実際に組織体系を変化させ，市場志向の浸透を図り，技術偏重に陥りがちな製品開発プロセスを改善するにはひと工夫もふた工夫も必要だろう。

また，そもそも学術領域の製品開発プロセス論においてさえ，マーケティング活動を主体としたプロセス展開と技術や設計活動を主体としたプロセス展開に分かれていることからもわかるように，実際のビジネス現場でもマーケティング活動と技術・設計活動との間の志向性や考え方などに齟齬があることは否定できない。こういった，志向性の齟齬を成分ブランドが介在することで，市場志向という一貫した志向性の浸透によって解消することができると考える。以上の点に関しては，第5章において先行研究をレビューする。

　本研究の仮説構築においては，製品開発に潜在的に存在しうるこのような活動や考え方の溝を埋める上で，成分ブランドにどのような貢献があるのかを念頭におきつつ検討を進めることとする。

◆注
1　その他にも，製品開発プロセスとしてUrban, Hauser and Dholakia (1987);Urban and Hauser (1993), Khurana and Rothenthal (1998)が同様の類型として参考になる。
2　製品開発をいくつかの段階に分類し，製品開発に関わる諸問題を扱おうとする一連の研究は，製品開発プロセス論と呼ばれる。
3　川上は『顧客志向の新製品開発』の中で，製品開発に関わる研究を詳細にレビューした上で，このような「複数のタスクを時間的に順次行う連続的な段階や活動」としてとらえるモデル群（リニア・モデル）を精査している（川上2005）。フィードバック・ループは生じるものの，最終的には一つひとつの段階をクリアしながら開発活動が遂行され，目的に向かって順次進むことを想定している点がリニア・モデルの特徴とされる。
4　本節では，製品開発プロセスをシーケンシャルに捉えるモデルを中心に概観したが，その他に製品開発の非リニア性を強調するノン・リニアモデルも存在する。この研究領域には，解釈主義アプローチや非決定論的前提をもつものが含まれる（川上2005）。

第4章 成分ブランドと製品開発
―― イオン発生技術からの考察

　本研究で注目する成分ブランドとは，製品やサービスを構成する技術や素材，あるいは部品などのうち，特にブランド名が付与されているものを指す。本研究の問題意識は，技術情報がブランド化されることを通じて，製品開発にさまざまな影響や効果が期待できるのではないかという点にある。前章までにみてきたように，製品開発との関連の中で成分ブランドを取り扱う研究は皆無といってよい。このようなことから，本研究ではさしあたり仮説の構築において依拠すべきフレームワークの設定が欠かせない。次章以降で仮説命題を検討し，検証するに先立ち，以下においては，研究フレームワークを設定することを目的として，インタビュー調査を含む事例分析を通じて成分ブランドの関わる製品開発プロセスの特徴を考察することとする。

1　空気清浄機と成分ブランド

　本章で取り上げた成分ブランドは，空気清浄機などに使用されるイオン発生技術に関わるブランドである。その理由は，後述するブランド認知の調査結果により，比較的認知度が高い成分ブランドが含まれること，同じカテゴリーに数社が成分ブランドを展開しており，比較評価しやすいこと，さらには，その数社の成分ブランドの中には，相対的に認知度の低いブランドも含まれそうであること（認知度のバラツキが大きい）などから，選定したものである。
　とりわけ，本研究では成分ブランドが製品開発プロセスに与える影響を検討するという目的をもつため，製品開発に関するインタビュー調査が欠かせない。その点で，インタビュー調査の候補となりうる企業が複数社存在するということも，きわめて重要なファクターとなる。具体的には，当該カテゴリーに含ま

れるパナソニックの「ナノイー」，三洋電機の「ウイルスウォッシャー」，ダイキンの「電撃ストリーマ」である。なお，当該カテゴリーにはシャープの「除菌イオン」（その後「プラズマクラスター」が加わる）も候補としたが，インタビュー調査が実現できなかったため，対象から外した[1]。

本章で取り上げる成分ブランドの知名率，広告接触経験は以下のとおりである。なお，調査は消費者の購買行動における成分ブランドの関わりについて行ったものである。調査は，2009年6月，WEB調査によって行った。

1.1 知名率

まず，空気清浄機に使用される成分ブランドの知名率を図表4－1に示す。名称の知名率が最も高いブランド名称は「プラズマクラスター」で，全体の57％が知っていると回答した。次に「ナノイー」が54％と続く。また，知っているという回答の少ない「ウイルスウォッシャー」および「光クリエール（電撃ストリーマ）」と上位2ブランドとの知名率の差が大きく開く結果となった。

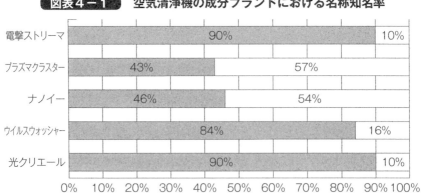

図表4－1 空気清浄機の成分ブランドにおける名称知名率

ブランド	名称を知らない	名称を知っている
電撃ストリーマ	90%	10%
プラズマクラスター	43%	57%
ナノイー	46%	54%
ウイルスウォッシャー	84%	16%
光クリエール	90%	10%

注：n＝410

第4章 成分ブランドと製品開発―イオン発生技術からの考察 37

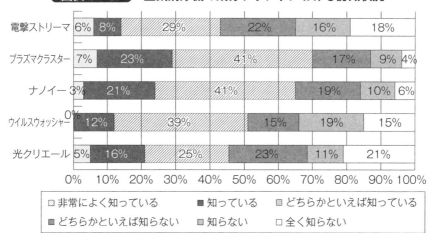

図表4－2 空気清浄機の成分ブランドにおける認知状況

　各成分ブランドについて，名称を知っていると回答したもののうち，そのブランドについてどの程度知っているかという質問に対しては，プラズマクラスターが最も認知度が高く，約71％が何らかの知識をもっているという回答をした。次いでナノイーは65％が何らか知識をもつと回答している。最も低い認知度を示したのがウイルスウォッシャーで，非常によく知っているという回答は０％，何らかの知識があるという回答は51％であった。

1.2　広告接触経験

　続いて，各成分ブランドについて見たことがあるか，さらには媒体ごとに当該成分ブランドを見たことがあるかについての調査結果を図表4－3に示す。
　ウイルスウォッシャーについては，すべての媒体において全体の90％以上が見たことがないと回答しており，接触経験がきわめて少ない。一方，ナノイーについては，テレビ・ラジオで見たことがあると回答するものが最も多く，全体の39％を占めた。次いで店頭製品が19％，店頭広告が13％と続いている。プラズマクラスターでは，テレビ・ラジオで見たことがあると回答したものが最

も多く41%を占めた。次いで店頭製品15%，店頭広告が13%であった。ナノイーとプラズマクラスターは，比較的似た傾向を示している。また，知名率も同程度であるといえよう。電撃ストリーマについては，ウイルスウォッシャー同様接触経験が少なく，すべての媒体において95%以上が見たことがないと回答している。

2　空気清浄機市場

次に，本章で詳細に扱う成分ブランドが組み込まれている空気清浄機市場について概観する。

近年，家庭用空気清浄機の販売は好調に推移している。背景には，新型インフルエンザの流行に伴うウイルス対策機運の高まりがある。新型インフルエンザは，2008年より国内でも本格的に発生懸念が新聞等で取り上げられるようになり，2009年に入ると弱毒性の「H1N1」型が世界的に流行を始めた。予防接種が間に合わない状況下で，生活者は自らできる対策としてマスク，体温計，消毒薬等を買い求めた[2]が，有力な対策品の1つとして家庭用空気清浄機も考慮されるようになった。

2.1　業務用空気清浄機の登場

日本における空気清浄機は，1960年代に市場に登場した。1950年代からの急速な産業発展に伴う工場や自動車の排気等により，各地で公害が社会問題となったことが背景にある。公害が，空気環境に対する関心を高めるとともに，企業に工場からの排気に対する洗浄技術を進歩させ，空気清浄機登場の基盤を築いた。そのような中で，空気清浄機の導入当初は，サイズの大きさ，価格の高さから家庭用ではなく業務用として浸透し，特に，公害を抱える都市部の学校，飲食店等公共の場がターゲットとなった。

その後，大気汚染防止法等，排気に対する規制が進むと，1980年代頃より公

第4章 成分ブランドと製品開発──イオン発生技術からの考察 39

図表4－3 空気清浄機の成分ブランドにおける広告接触経験

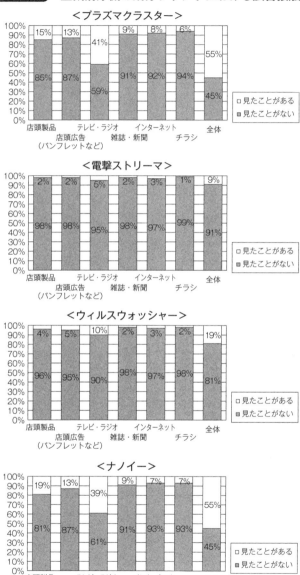

注：n＝410

害対策に代わり，タバコ対策が空気清浄機販売の新たなターゲットとなった。特に，パチンコホールのような遊戯場は，タバコの煙がひどく，さらに女性でも遊べる店づくりを目指す店舗が積極的に導入し，空気清浄機の出荷量は大きく伸びた。また，開発面においても，パチンコホール向けには，設置スペース上の問題から，特にコンパクトで軽量タイプの開発が進んだ。

1985年頃になると，オフィス環境の改善目的でも導入が進んだ。出荷量は1985年：12万台，1986年：16万台（前年比33％増），1987年：20万台（同25％増），1988年：30万台（同50％増）と，この時期著しい伸びをみせた[3]。このような，空気清浄機の業務用での技術進歩が，低価格簡易型品を生み出し，家庭用市場の誕生を促すことになった。

2.2 家庭用空気清浄機市場の誕生[4]

空気清浄機は，1982年頃の低価格簡易型商品の登場をきっかけとして，本格的に家庭用市場が形成されることになった。当初6,000円から7,000円で登場した低価格簡易型は空気清浄機の入門編としての役割を果たしたが，その後間もなく機能を充実させた4万円程度の製品が主流となった[5]。基本的な機能は「集塵」，「脱臭」であった。この頃，アルミサッシの普及等により，住居の気密性が高まった上，カーペットの普及も相まってホコリが逃げにくい住環境が進んだことが大きかった[6]。またタバコ対策等にみられる，健康志向の高まりも追い風となった[7]。1987年に販売台数は50万から60万台に，1989年には80万台に達する等，家庭用市場は業務用市場の台数を上回る急成長をみせた[8]。1990年代に入ると，花粉症対策や，ペットや小さな子供がいる家庭のハウスダスト対策が望まれるようになり，「アレルゲン不活性化」，「ウイルス除去」等の機能が搭載された。その後，「静音」，「省エネ」，「省メンテナンス」等の多様な技術の進化を遂げながら，現在まで高機能化を続けている。日本電機工業会によると，その後出荷台数は増加し，1台当たりの出荷金額は高まる傾向にある[9]。各社とも高機能化を志向し続けている。

2006年秋に,「加湿」を通じた「飛散抑制」が注目されるようになった。空気中の湿度を高めて花粉やハウスダストが舞い上がるのを防ぐ効果であり,花粉症に悩む人の支持を集め,市場を牽引した[10]。また,加湿器と基本機能のみ搭載した空気清浄機を別々に買うよりも,「加湿」という新機能を搭載した空気清浄機の方が,値段が割安であり,場所も取らないことも人気を集める理由となった[11]。

2007年秋には,「加湿」を通じた「美肌」を訴求する製品が本格的に登場し,若い女性を中心に人気を集めた。それまで「加湿」と「集塵」力で人気を集めたシャープの製品を抜き,「加湿」により「美肌」を訴求するパナソニックの「うるおいエアーリッチ (F-VXC30)」が売れ行き首位を獲得し好調を維持した[12]。

2008年以降,次第に「一歩進んだウイルス対策」が注目されるようになった。背景には,感染症の流行がある。過去の病気と思われた結核が増加に転じ,1999年には厚生労働省より「非常事態宣言」が出される等,世間を騒がせた。また,近年PM2.5が話題を集めるようになり空気清浄に関する関心は高いまま継続している。

2.3 家庭のウイルス対策

ウイルスについてのさまざまな脅威が報道されながらも,家庭のウイルス対策は進んでいなかった。家庭で行っている備えとしては,「うがい・手洗い・マスクの励行」が54％であり,「マスクの備蓄」が31％と軽度の対策にとどまり,何も準備していない人も37％に達する（2009年1月）。つまり,家庭では,インフルエンザ対策はあまり進んでいない上,十分な知識がある訳でもなく,危機感が欠如している姿が伺えた[13]。

2009年4月にメキシコ,米国等で新型インフルエンザの感染が初めて認知され状況が変化する。特に,WHOのパンデミックの警戒水準が4月後半に数日間隔で引き上げられたことは,本来海外旅行で賑わう大型連休というタイミン

グもあり，多くの人の旅行自粛につながる等，脅威が身近なものとなりつつあった。

　この頃から，対策行動も急激に進んだ。2009年9月時点の調査では，対策として「消毒液の使用」が33%，「人ごみや繁華街への外出を減らす」が35%と，対策手段が多様化していった[14]。また，室内のウイルス対策に関する調査をみると，行っている人は33.8%，対策内容として，「空気清浄機の利用」は69.6%を占め，実に約4人に1人は空気清浄機による対策を行っていることになる[15]。空気清浄機における「一歩進んだウイルス対策」のニーズが顕在化したことを示している。

2.4　家庭用空気清浄機における主要な技術

　前述のように，家庭用空気清浄機には，近年さまざまな二次機能が追加されているが，主要な機能としては「集塵」，「脱臭」，「アレルゲン不活性化」，「ウイルス除去」がある。その技術分類に明確な定義はないが，特に代表的なものとして以下の方式が普及している。

・ファン方式[16]

　空気清浄機は，業務用中心の導入当初から，ファン方式の進化とともに主要機能を強化してきた。この方式は，ファンによって強制的に空気を吸い込み，フィルターで濾過することで，きれいになった空気を吹き出す。技術上，フィルターの高性能化が進化の重要なポイントであり，特に1990年代以降は，家庭用でも高性能化に向けた取組みがみられる。たとえば，松下（現パナソニック）グループは，1994年に「カテキンフィルター」を開発，フィルター表面に緑茶カテキンを付着させることで「ウイルス除去」性能を高めた。1996年には非常に目の細かい「HEPA」フィルターを家庭用にも採用し，さらに除去効率を高めた。「HEPA」フィルターは現在でも多くの参入メーカーに採用されている[17]。2003年には，抗アレルゲン剤をフィルター表面に付着させることで「ア

レルゲン不活性化」機能を強化した。

　一方，ダイキンは，途中からフィルターを使わない独自路線で進化してきた。1996年に酸化チタンに光を当てることで除菌する「光触媒方式」を開発した他，2003年には，光速の電子を安定的に放出することで，ウイルスやアレルゲンを分解する「ストリーマ」技術の開発に成功した。この技術により，「光触媒方式」では分解が難しかったウイルスやアレルゲン等に対し，高い分解性能を実現できたという[18]。

・イオン方式[19]

　イオン方式は，一定の距離をおいた電極に高電圧をかけることによって空中の微粒子などを帯電させ，反対の電荷を帯びた電極に集塵する方法である。ファンがないため，集塵力は劣るものの，小型でデザインに優れた形式が多いことから，家庭用市場の誕生初期には，フィルター式と並んで市場を牽引した。1998年に公正取引委員会の指摘[20]で，性能上の問題が話題となったことをきっかけに採用が縮小，現在ではほとんど採用されていない[21]。

・空中除菌方式

　2002年頃より，除菌ができるイオン等を空中に放出することで，空中でウイルスやアレルゲンを除去する機能が登場するようになった。代表的なものとして，シャープの「プラズマクラスター」や，パナソニックの「ナノイー」があげられる。三洋電機の「ウイルスウォッシャー」も，電解水をミスト状で空中に放出するため同様の特徴をもつ。これらの技術は，集塵しなくてもその場で一定の除菌力をもつため，なるべく遠くへ飛ばすための大風量化も同時に進められるとともに，空気中にイオン等を大量に放出することの安全性確認も重要となっている。現在では，ファン方式によるフィルター除菌と空中除菌の併用を行うことで，広範囲かつ確実な除菌につなげる方法が採用されている[22]

2.5 技術効果を可視化するプロモーション

　空気清浄機のプロモーションは，従来から見えづらい技術効果をいかに可視化させるかという点が中心であった。「タバコモード」，「花粉モード」等の搭載，「煙センサー」機能の搭載[23]，「エアモニター」と称する空気の汚れ具合を表示する機能[24]等は，感覚的に効果の実感を訴求するものだった。一方，客観的な評価は難しく，1998年には公正取引委員会によって，カンキョーとティアック社製品への排除命令が下された。両社が，他社製品より空気中のウイルスに対する捕集性能が高い広告表示を行ったとするものだった。この一件により，空気清浄機の効果への不信感が高まり，特に両社が採用していたイオン方式が縮小するきっかけとなった。これを機会に，各社は製品と健康効果の明示的な訴求には慎重な姿勢を示してきた[25]。

　近年そのプロモーションは，学術機関のお墨付きの活用，技術そのもののPR等のスタイルに変わりつつある。従来のプロモーション上の課題に対し，健康効果の客観性獲得の上，製品と健康効果について，技術を介して間接的に訴求することを狙ったものだ。

　ファン方式や空中除菌方式を採用する企業が主流になる中，各社は独自技術を進化させている。技術効果の可視化はプロモーション上の大きな課題であったが，近年はその課題を克服するスタイルが登場しつつある。次節以降においては，空気清浄機において使用される成分ブランドについて行ったインタビュー調査について詳述する[26]。

　データについては，インタビュー企業の承諾のもと音声データを録音し，文書化を行った。なお，本書では紙幅の関係で，パナソニックならびに三洋電機を詳細に記述し，ダイキンについては概略を述べるにとどめる。

3 パナソニック「nanoe(ナノイー)」

3.1 「nanoe(ナノイー)」の概要

　パナソニックが2003年に初めて製品に搭載し，意欲的に取り組んでいる成分ブランドが「nanoe(ナノイー)」である(図表4-4参照)。「nanoe(ナノイー)」とは，「空気中の水分を超微粒子化して，電気を帯びさせたイオン」を意味する成分ブランド名称である[27]。実際には，ナノレベルの帯電イオン発生可能な同社の技術を搭載した「ナノイーデバイス」を最終製品に組み込むことで，ナノイーブランド搭載製品が市場に投入されてきた。

　2003年に「エアーリフレnanoe(ナノイー)」として初めて空気清浄機に搭載された。その後，2005年にヘアードライヤーに展開され，現在ではエアコン，浴室乾燥機，冷蔵庫，洗濯機，美容製品など，非常に幅広い製品に展開されている。

図表4-4　ナノイーのロゴマーク

出所：パナソニック　ホームページより。

3.2 ナノイーの変遷と使用例

ナノイーは，1997年旧通産省のプロジェクトで行われたナノ粒子を計測する技術開発に端を発し，2001年から広島大学とパナソニックの産学連携プロジェクトにより帯電粒子水発生デバイスとして開発された技術である[28]。当初は水補給を必要とする技術を採用していたが，2005年に水のいらないペルチェ方式[29]に変更された。さらに現在まで，デバイスの小型化，効率化を進めており，搭載する最終製品に合わせていくつかのタイプを採用している。

このように，より多くの製品に適応できるように，ナノイーという成分ブランドで使用される技術は変化し続けている。ナノイーの変遷を図表4－5に示す。

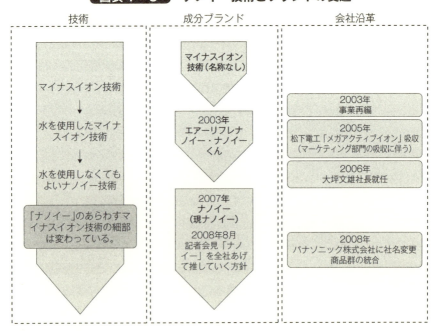

図表4－5　ナノイー技術とブランドの変遷

第4章 成分ブランドと製品開発―イオン発生技術からの考察　47

3.3 ナノイーの開発背景

　現在では，きわめて広範囲の製品に使用されている「ナノイー」デバイスだが，1つの成分ブランドを社内の複数の製品カテゴリーに適用可能となった背景には，大規模な組織変革，トップダウンによる成分ブランド活用の方針，開発プロセスへのマーケティング部門の参加などがあった。

3.3.1 ナノイーの歴史と大規模な組織変革

　パナソニックの会社沿革[30]によれば，2003年に大規模な事業再編，2005年マーケティング部門の統合に伴い，松下電工「メガアクティブイオン」の吸収，2006年大坪文雄社長就任，2008年パナソニック株式会社に名称変更，商品群の統合，が進められてきた。

　これらの組織変遷の動きに照らし合わせてナノイーの変遷をみてみると以下のとおりとなる。まず，2003年大規模な事業再編に合わせて，それまで無名称であったマイナスイオン技術を「エアーリフレナノイー」として初めて空気清浄機に搭載した。2005年松下電工のメガアクティブイオンを吸収し，パナソニックグループとしてマイナスイオン技術をナノイーに一本化，2007年現在のロゴに改変された。2008年8月，商品群のパナソニックへの名称統合に合わせて，統合記者会見により社長自らナノイーをパナソニック全社あげて推す方針を明示した。このように，パナソニックの組織統合が進む結果，ナノイーを使用した製品開発に，パナソニック全社の協力方針を築くことが可能になった。

3.3.2 トップダウンによるブランド推進

　2008年，社長自らが記者会見で全社あげてナノイーを推す方針だと発表したことに端的に表れているように，ナノイーブランドはトップダウンで推進された。その結果，ナノイーブランド推進の方針は，現在では現場にひろく浸透している。

　「Panasonic」という企業ブランドと同等に位置づけられた「ナノイー」という成分ブランドを，各事業部は，共有されているブランド運用マニュアルに基

づいて使用する。現在では，全社の事業部，またグループの垣根を越えてナノイー関連の新製品開発を進めることができるという。

トップダウンで推進されたナノイーは，社内認知度が高まることで，製品開発に際して社内の動きが円滑になり，さまざまな協力が得られたという。

製品開発において，「全社的にすごくチームが動いてくれますね。（中略）研究であったり，評価センターであったり。（中略）ナノイーはすごく全社的に支援をいただきやすい」と語られるように，ナノイーを使用すれば，部門横断的な製品開発も円滑に進められるという。

ナノイーについての方針と運用体制が整い，事業部やグループでの横展開が可能になったため，パナソニックにおいて，ナノイーは，「一番広範囲につながっていて，共有しているテーマ」となり得た。現在では，さまざまな事業部がナノイーを使用した新製品の企画を出しているという。多様な製品に使用されたナノイーブランドは市場に加速的に浸透していくことになった。

3.3.3 開発プロセスへのマーケティング部門の参加

さらに，同社の製品開発プロセスについてのインタビューによれば，松下電工との統合後，開発プロセスにマーケティング部門が早めに参加するようになったという。

「（マーケティング部のコミットメントが）だんだん早くなってきましたね。昔に比べると（中略：昔は直線的なプロセスだったという文脈）。最近はもうかなり源流に遡りながら，というふうにすこしずつ変わってきています。早くなりました」

「（開発に対するコミットを）担当者レベルでもやっぱり早め早めに。われわれの同じ部署の中でカタログをつくっている部があるんですけども，一番早いかな。早めに接触しながら，次こんな商品だよ，というのを聞きながら，カタログにするとこんなんだ，とかね。そういうのを同時並行で進めながら。早く情報を貰っておけば，じゃあそれをどういう組織でやっていくのか，とか早い段階でね」

「やっぱり強い商品を作ろうというベースがあって，わりと早め早めに売り手も一緒になってやっていこうという流れが（松下）電工と一緒になって全体にそういう流れができて」

このように，製品開発における組織成員参加，とりわけマーケティング部門や広告部門などが製品開発の早い段階から参加するようになった。

以上のとおり，マーケティング部門がより早い段階で開発プロセスに関わることで，製品開発全体の市場への向き方が強くなると推測される。

一方，企画部門による技術への干渉も特徴的である。

「企画は強いですよ。ある程度強くなければ技術に対してある程度こう意見を言えないですね。技術の人っていうのはどうしても自分の技術の方に寄っていきますから，（中略）企画はこう決めたのはなんでこうなのか，というのは，こういうデータがあって，こういうニーズがあるから，そうせな売れへんねや，値段もこうせな売れませんよ，というしっかりした目標をもとに，きてるのであって，だから結構企画（部門）は強い（後略）」

また，「ナノイーの開発を行わなければ，技術部門とマーケティング部門の両者がコミュニケーションをとるということはなかった」という。特に，ナノイーを使用した製品開発は，「全社の協力を得やすい」という。これらは組織の変遷がもたらした社内の風土の変化と，トップダウンによる方針の浸透が上手く融合した結果だろう。

マーケティング部門が製品開発プロセスの早い段階で加わることにより，製品開発において，市場志向が高まることが推測される。つまり，市場に最も近い存在であるマーケティング部門が製品開発に長期にわたって関わることが，社内での市場志向の浸透に寄与すると考えられる。

3.3.4 技術力を訴える宣伝手法

インタビューによれば，2008年からは製品とともに，ナノイーのベネフィットを前面に推していく宣伝を意識したという。空気清浄機を扱う各社と同様に，薬事法を遵守しなければならず，ナノイーの技術力を検証し，訴求することに

注意を払った。

　パナソニックは，ナノイーの効果検証のため，鳥インフルエンザ等のウイルスや，細菌カビ，アレル物質等の個々の項目に対して，解析センターや大学などに実証実験を依頼し，その効果を確認しているが，それを直接，製品の効果として宣伝することはできない。薬事法の規制があるため，技術の効果は新聞やホームページで訴えることができても，その効果を製品と直接結び付けるのが難しいためである。各社この点に配慮して，技術をブランド化しながら，薬事法に触れないように配慮して製品の性能を訴える広告を展開している。直接的な技術効能を訴えられない中で，成分ブランドは消費者に訴えたい技術力と製品とを結ぶ役割を果たす。パナソニックの場合は，製品を前面に押し出した広告の中でナノイーのロゴを出したり，「ナノイーイベント」を開催したり，全方位的に製品を紹介するなどしている。

3.3.5　社内認知度の高まりと宣伝予算の獲得

　費用対効果がみえにくいため，成分ブランドに対する宣伝広告費用をどの程度捻出するかは，難しい問題である。しかし，インタビューによれば，全社を通してナノイーを推していく方針が共有されたことで，ナノイーに対する宣伝広告予算獲得が容易になったという。

　同社では，通常は製品ごとに決められている宣伝広告予算はあるが，デバイスに直接宣伝広告予算を計上することは難しい。しかし，事業部横断的なプロジェクトであるナノイーの宣伝費用はそれぞれの製品の予算から捻出していくことのハードルが，社内認知度が高まるにつれて低くなってきているという。たとえば，図表4－6のように，ナノイー搭載機が増えれば増えるほど，ナノイーを軸に個々の製品の広告を集約して効率よく広告投入することが可能になる。

第4章 成分ブランドと製品開発―イオン発生技術からの考察 51

図表4-6 ナノイーが展開する製品カテゴリー

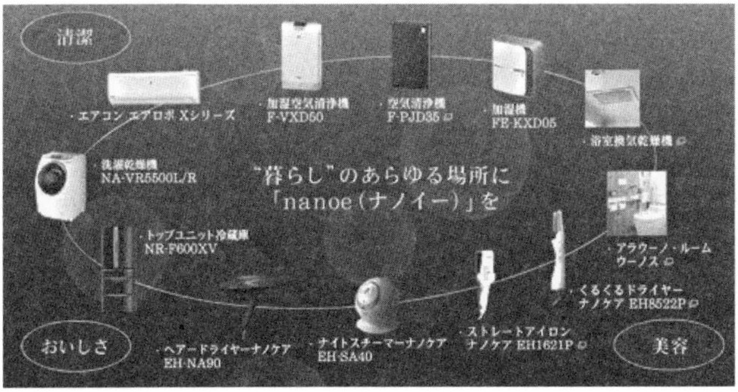

出所：パナソニック　ホームページより。

　以上のように，ナノイーという成分ブランドを活用することによって，パナソニックの組織統合の中で，製品開発プロセスの早い段階でマーケティング部門が入ることが可能になり，トップダウンにより，さらに全社を統合するための「御旗効果」をもつようになった。そのため，宣伝広告費用や，製品開発において，部門を横断するプロジェクト推進が容易になった。

4　三洋電機「ウイルスウォッシャー」

4.1　「ウイルスウォッシャー」の概要

　三洋電機は，ブランドビジョン「Think GAIA」のもと環境とエネルギー事業を展開する先進メーカーである[31]。そのビジョンに沿って，「Energy」「Water」「Air」を中心の事業領域とし，その「Air」のカテゴリーに属する空気清浄機に使用されているのが，同社の成分ブランド「ウイルスウォッシャー」（図表4-7参照）である。「ウイルスウォッシャー」とは，「水の力で空気を洗う」という発想で開発された電解水技術の応用型で，除菌電解ミスト方式や除菌エレメント方式[32]により，空気中のウイルス，浮遊菌，臭気を抑制することのできる機能につけられた成分ブランド名称である[33]。

図表4－7　ウイルスウォッシャーのロゴマーク

出所：三洋電機　ホームページより。

4.2 「ウイルスウォッシャー」の歴史

　同社の電解水技術は，1987年カップ式販売機に採用して以来，2000年にプール用除菌システム「アクアクリーン」，2001年「洗剤ゼロコース」搭載の洗濯機に採用され，以降「α電解水シリーズ」で空気清浄機や加湿器へ，製品適用範囲を拡大した。2004年には，電解ミストを使用した空気清浄機を発売し，その後，インフルエンザウイルスや花粉などのアレル物質への不安の高まりに応える格好で，「水の力で，空気を洗う」という発想の「ウイルスウォッシャー」機能搭載の空気清浄機を2006年に誕生させた。

　電解水技術を「ウイルスウォッシャー」機能と命名した背景には，技術を消費者にもっとわかりやすく提供したいという思惑とともに，経営層からのトップダウンによるブランド推進の期待があった。

4.3 「ウイルスウォッシャー」開発の背景

4.3.1　トップダウンによるブランド推進

　三洋電機へのインタビューによると，「α電解水」という名称から「ウイルスウォッシャー」へ名称が変更された際には，経営層の意向があったという。

　「当初はやはり，どちらかというとトップダウンだったと思いますよ，α電解水という表現を変えようという段階では」

「(成分ブランドをやってみるかというのは)経営層からのトップダウンです」
とウイルスウォッシャーの担当者は答えている。

　従来，製品開発における採用技術は事業部ごとに分断されていたが，電解水技術にウイルスウォッシャーという冠を掲げたことで，さまざまな事業部が製品開発において，既存の商品群に本技術を適用しようとする意識が生まれたという。結果として，ウイルスウォッシャーは社内唯一の部門横断的な開発プロジェクトになった。

　また，社内の認知度が高くなったため，他の技術を使用した製品開発に比較し，ウイルスウォッシャー技術を使用した製品開発は円滑に進みやすく，宣伝広告費の予算も本社から若干出やすい傾向があったという。さらに，研究開発本部ではウイルスウォッシャー担当技術者が十分に配置され充実しているという。インタビュイーによると，これはトップダウンによる，全社あげてのブランド推進という雰囲気があるためではないか，ということである。トップダウンによるブランド推進の結果，「ウイルスウォッシャー」の人的資源獲得，資金獲得，部門横断的な開発が容易になったといえるだろう。

4.3.2　マーケティング本部によるブランド統制

　トップダウンによるブランド推進の一方で，実際にウイルスウォッシャーブランドを部門横断的に取りまとめるのがマーケティング本部である。マーケティング本部は，会社としてのプロダクト・ブランドとなっている製品に対しては(通常の製品開発と比べ)干渉を強め，各事業部の製品開発の方向性を統制する権限をもっている。ウイルスウォッシャーに関わる製品開発においても同様であるという。

　統制する権限が与えられた結果，事業部の開発メンバーと，マーケティング部門とのコミュニケーション頻度は高まってきたという。通常の事業部で独立に行える製品開発では，マーケティング本部などの部門が干渉することを嫌がるが，会社として推進するブランドであるウイルスウォッシャーの関わる開発

では，事業部と足並みをあわせ開発を進める感覚になるとマーケティング本部のインタビュイーはいう。

さらには，部門間のやりとりも促進される。「デザインの改良をするときには本社の人間が来てるとか，マーケティングの改良をするときには本社の人間がいるという，自分たち（単一の部門）で決めてこうでいいでしょうか，というよりは一緒に進んでいくというイメージです」（マーケティング本部）と指摘する。ウイルスウォッシャーの関わる開発では，部門が高いコミットメントで関与しあい，共同で製品を作り上げているという側面が強いようである。

トップダウンにより推進された成分ブランドであるウイルスウォッシャーは，トップの権限が付与された「御旗（みはた）」となりうる。その御旗を使用し，マーケティング部門と製品開発部門のコミュニケーション頻度を高め，製品開発における市場志向を高めていくことが可能になるものと推測される。

4.3.3　広告宣伝活動

ウイルスウォッシャーの広告展開は，マス広告やイベントの他に，ワーナーマイカルと提携して劇場用空調機にウイルスウォッシャーを全館導入するというユニークな試みを行った。実証されたウイルス除去等の技術による効果を，その機能が搭載されている製品の効能として訴えてはいけないという薬事法の規制の中で，各メーカーとも，自社技術の優れた効能の訴求方法に頭を悩ませている。そこで，利用者による製品効能の口コミを利用することを意図し，同社では，劇場にウイルスウォッシャーを導入することで，利用者による横展開を期待している。

ウイルスウォッシャーという成分ブランドが，トップダウンにより推進され，社内認知が浸透することにより，通常は個々の事業部門で分断されて使用される技術が事業部横断的に使用され，より広範囲な製品に適用される可能性を高めている。また，その過程においてマーケティング部門が，経営トップの御旗（お墨付き）をもつ成分ブランドを使用して，製品開発の活動や方針を統合することにも結びついていると考えられる。

4.3.4 技術の横断的活用

　ウイルスウォッシャーでは，従来，事業部で囲い込む傾向のあった技術を，成分ブランド化することによって，事業横断的に伝搬し活用することが促進されたという。
　「(前略) 家庭用の空気清浄機も，業務用の空気清浄機も，加湿器も作っている部署は違うんですよね。それぞれ技術者も違います」
　「少なくとも，弊社でもっている他のプロダクト・ブランドでは横断的ではないのですが，ウイルスウォッシャーでは非常に横断的な製品になっていますね」
　成分ブランドに，市場情報とともに技術情報が組み込まれて，「1人でその活用先を探してくるというイメージ」であるという。三洋電機ほどの大きな企業になれば，製品開発に関わる人であっても必ずしも社内で使用されている技術に精通しているわけではない。それが，成分ブランドを通してユーザーを発掘し，さらに異なる事業部の部品として組み込まれていくのである。これも，成分ブランドの製品開発上の効果であるといえよう。
　三洋電機は，業績の悪化により必ずしも経営資源が潤沢ではない。しかしながら，ことウイルスウォッシャーに関する限り，人材や資金など相対的に手厚く投入され，さらには製品開発プロセスにおいても，従業員の関心やコミットメントが高いようである。

5　事例からの発見物

　本節では，ダイキンの「電撃ストリーマ」に触れたのち，事例研究からの発見物をまとめることとする。
　ダイキンの空気清浄機に関しては，光クリエールが製品名称であり，1975年から業務用，1987年から家庭用が販売された。この製品に使われる成分ブランドが，「電撃ストリーマ」である。基本的な技術は，ストリーマ放電技術により空気中の浮遊物を除去するもので，現在のところ外販はしていない。広告宣

伝費が事業部の利益に影響を与えるという認識があり，利益を圧迫しうる広告にも積極的な資金投入ができていない。その結果，認知度は必ずしも高くない。具体的には，費用のかからないテレビＣＭ以外の交通広告や量販店店頭での広告，あるいは新聞などで電撃ストリーマの技術効能を宣伝している。薬事法での制約もあり，製品と効能を結びつけることができないため，技術（成分ブランド）の効果を宣伝するよう心がけているという。

同社へのインタビューによれば，成分ブランドを通じてのブランディング手法に長けているという認識はなく，ネーミング等も同業の先例をみながら付けているという。また，認知度が必ずしも高くないこともあり，積極的にこの技術を外販するような営業は行っていないが，引き合いの方は継続的に入っているという。成分ブランドが組み込まれることによって，製品開発プロセスに何らかの変化があるという認識はないというインタビューイの回答であった[34]。

パナソニック，三洋電機およびダイキンでの調査結果をまとめると以下のとおりとなる（図表４－８参照）。

5.1　トップダウンによるブランド推進

パナソニックでは近年の組織変更や製品群の整理などに伴い，製品開発が徐々に部門横断的になっている。その中で，トップダウンによってナノイーの全社に対する積極的な開発の方針が提示されることにより，部門間の垣根を下げている。また，三洋電機でも，トップダウンによる成分ブランド推進の方針が出されたことにより，マーケティング側が開発側への関与を高めることになった。ここでは，トップダウンによる成分ブランドの推進がマーケティング部門の統制に大義名分を与える御旗となり，開発に関する経営資源の獲得に寄与したことが伺える。

Souder and Chakrabarti（1978）では，マーケティングとＲ＆Ｄの統合に関する先行研究をサーベイし，74のモデルと600以上の仮説をリストアップした。そしてそこから導かれた仮説について114プロジェクトのマーケティング，Ｒ

第4章 成分ブランドと製品開発—イオン発生技術からの考察 57

図表4-8 空気清浄機に関するインタビュー結果（まとめ）

	パナソニック	三洋電機	ダイキン
成分ブランド名称	ナノイー	ウィルスウォッシャー	電撃ストリーマ（光クリエール）
使用技術	マイナスイオン	電解水	ストリーマ技術
認知度（社外）	現在ブランド名を浸透させている最中	現在認知度を上げている最中	宣伝費があまりかけられない現状により、認知度は高くない
認知度（社内）	トップダウンでブランドを浸透。社内認知度はきわめて高い	トップダウンで浸透させたため、社内認知度は高い	そもそも存在した技術という認識。社内では型番の方が浸透
ブランドの階層性	現段階で階層性はもたせていない	特に階層性はもたせていない	特に階層性はもたせていない
コミュニケーション（各社薬事法による広告表現の規制あり）	基本的には製品を中心に訴求。ナノイー技術を前面に押し出した広告も展開	消費者の声を利用した訴求を意識　映画館などでイベントを実施	技術の広告を新聞で展開　交通広告、店頭広告を利用
成分ブランド使用の開発事例	開発製品種類は多岐に及ぶ（美容、ドライヤー、洗濯機等）	空気清浄機関連で使用	空気清浄機関連で使用
成分ブランド使用の経緯と理由	トップダウンにより、他部門で成分ブランドを利用した開発を企画する流れ	トップダウンにより、開発に利用。その他顧客ニーズに合致する場合使用	そもそも利用していた技術であり継続して使用している
成分ブランドを用いて良かった点	会社や事業部をまたいだプロジェクトが非常にやりやすい	通常の開発と比較し、組織横断的な開発が可能	特に認識していない
成分ブランドの社外展開	社外に営業している。ブランド浸透度が進むにつれ、引き合いも多くなっている	社外に営業していない	引き合いは多く、応じている。今後営業していきたい
成分ブランドの位置づけ	企業名称と同等	空気清浄関連の呼称	複数あるブランドのうちの1つ。名称は競合企業をみつつ決定

＆D，トップなどへのインタビュー内容をコード化したデータを用いて検証している。それによれば，両者の統合の程度は商業的な成功と技術的な成功のいずれにも正の影響があること，正式に権限を与えられた統合者や共同報酬システムが存在する方が統合の有効性を高めることなどを明らかにしている。今回のインタビュー調査からの考察では，トップダウンで推進されている成分ブランドを御旗としたプロジェクトでは，成分ブランドが正式に権限を与えられた統合者の役割を代替し，統合の有効性を高めることが導かれる。

5.2 部門間の相互作用

　製品開発に関わる部門間の関係において，特徴的な相互作用があることが認められた。たとえば，パナソニックでは「ナノイーは一番広範囲につながっていて，共有しているテーマということになっています。そういうのがなければお互いここにいることもないんですよ（同席した3名の技術部門，宣伝部門からのインタビュイーを指す）」，あるいは三洋電機では，「デザインの改良をするときには本社の人間が来てるとか，マーケティングの改良をするときには本社の人間がいるという，自分たちで決めてこうでいいでしょうか，というよりは一緒に進んでいくというイメージです」といった発言があった。成分ブランドの導入により本部と現場，あるいはマーケティング部門とR＆D部門の相互作用が相当に促進されていると考えられる。Gerstenfeld et al. (1969) によれば，新製品の失敗の原因は，技術的な理由よりも，むしろマーケティングとR＆Dとの相互作用の不足による。成分ブランドを介した製品開発では，相互作用の促進を通じて製品開発の失敗を避けることができると考えられる。

　一方，製品開発においてはしばしば部門間の志向性の相違がそのプロセスにおいて悪い影響を及ぼすことが指摘される。たとえば，Monteleone (1976) では，マーケティングとR＆Dの関係性の重要性を指摘している。両部門間には時間的志向性や直面する課題に違いがあり，良好な関係を築くことができないという。そのため，両部門のマネジャーが参加する委員会を設置することや，

技術者が顧客訪問に参加し，マーケティングへの理解を深めることを推奨している。また，Butler（1976）でも，マーケティング部門からR＆D部門にはいくつかの要望があり，両者の志向性の相違を指摘している。一方，インタビューによれば，マーケティング部門とR＆D部門が同時に責任をもつ「アイデア生成」「アイデアとコンセプトの選別」「コンセプトと製品の開発」「コンセプトと製品の評価」について，成分ブランドを御旗としたプロジェクトがもたれたり，会議の共同参加により両部門の緊密なやりとりを可能にしたりすることができる。さらには，「マーケティング部門が早くから会議に参加する」（ウイルスウォッシャー）ということであり，このことからも，部門間の志向性の相違を穴埋めする機能が成分ブランドに備わっていると考えられる。

　こういった製品開発プロセスの早期ステージからマーケティング部門が関与し，会議等に参加することは，マーケティング部門と研究開発部門の不和や対立を解消することに役立つ（Weinrauch and Anderson 1982）。

5.3　経営資源の獲得

　成分ブランドが経営者の強いリーダーシップにより導入されているケースでは，資源獲得や人材獲得においても円滑に進むようである。たとえば，パナソニックでは「（前略）今はもうナノイーがかなりメジャーになってきましたので，全社的にすごくチームが動いてくれますね。研究であったり，評価センターであったり。ナノイーは全社をあげての，事業部またがっての動きなので（中略）すごく全社的に支援をいただきやすい。ナノイーというのは異質な存在なんです」ということである。また資金調達において三洋電機では，「プロモーションするとかそういう部分については本社からの援助が出やすいという実態はあります。一言でいうと，たとえば，こういった共通のパンフレットというのはどこかが金を出さないとできない。（中略）こういうものを開発としてブランドとしてやっていくという中で，その分についての費用というのは基本的に本社から出ていると思っていただいてまぁ間違いないかなと思います。ただの電

解水技術だと（獲得できる資金は）少ないと思います」といったコメントが得られた。同様に人材面でも，「研究開発本部の人間はまぁそのたくさんいますので，それはウイルスウォッシャーだから沢山いるんだと思います。（中略）電解水技術だと今の人数よりは少ないと思います」（三洋電機）とのことであった。

5.4　市場志向と技術志向

　一方，成分ブランドは，技術や素材に消費者の便益や意味といった市場情報が変換されて組み込まれたものとみなせるため，成分ブランドを取り込んだ製品開発では，行き過ぎた技術志向や技術への固執が緩和されそうである。たとえば，インタビューでは，「（前略）ブランドはナノイーでいったん固まっていますが，デバイスは変わっています」「（ナノイーの名称になった）2003～2004年というのはもともと，熱感電式のナノイーが使われました。05年から変わるんですが，ここからは水を使わない水交換方式となります」。つまり，ナノイーというブランドを核として，それを構成する，あるいは消費者に便益を提供するための要素技術は，いくらでも変わりうるのである。

　従来の製品開発においては，市場志向と技術志向という，一見すると対立した2つの考え方が存在してきた（たとえば，Gatignon and Xuereb 1997）。技術情報をベースに製品開発を行うと，ともすれば顧客ニーズを逃して的外れな製品が生まれてしまい，逆に市場情報のみにとらわれてしまうと，過度のコスト上昇や製品仕様の拡散といった問題が生じてしまう。この二項対立的な議論に対しては，市場志向こそが優れた成果を生むという主張や，過度の市場志向は企業の成長戦略を阻害するという主張，優れた技術によって市場ニーズを創出できるとする主張，また，両者をバランスよく有すべきとする「相互作用的視点」が重要であるという主張など，いくつかの指摘がなされている。いずれの研究にも共通しているのが，「過度の技術志向も過度の市場志向も優れた成果を生まない」という点である。したがって，いかに技術情報と市場情報を製品

第4章　成分ブランドと製品開発―イオン発生技術からの考察　61

開発プロセスの中に同時に反映させるかが重要となってくる。特に製品開発プロセスに異なる複数の部門が同時に関与する場合，しばしば困難に直面することになる。なぜならば，異なる部門は異なる志向性を有しており，資源や権限の保有状況も異なり，異部門間の相互コミュニケーションを円滑に行うことも難しいからである。成分ブランドはこの問題に対して，技術部門やR＆D部門の過度の技術志向や特定の技術への固執を緩和する効果をもたらしそうである。

　次章では，本章までに行った先行研究のレビューならびに事例分析の結果を踏まえ仮説の構築を試みる。

◆注
1　除菌イオンの成分ブランドとしての考察は，余田・首藤（2006）を参照のこと。なお，空気清浄機に使用される成分ブランドは，研究の遂行中にも家電各社から数多く発表されている。
2　『日本経済新聞』（2009/9/11）
3　『日経産業新聞』（1989/3/27）
4　Matsushita Technical Journal Vol.51 No.3（2005年6月）の空気清浄機の技術変遷を参考にした。
5　『朝日新聞』（1986/10/18）
6　『日経MJ』（1986/8/28）
7　『朝日新聞』（1986/10/18）
8　『日経MJ』（1988/12/1）
9　日本電機工業会のホームページで公開されている統計データに基づく「空気清浄機」の出荷台数・金額より。
10　『日本経済新聞』（2007/11/23）
11　『日本経済新聞』（2007/3/10）
12　『日本経済新聞』（2008/2/21）
13　『日本経済新聞』（2009/2/2）
14　『日本経済新聞』（2009/10/3）
15　パナソニックの調査（http://bizmakoto.jp/makoto/articles/0908/18/news068.html）より。
16　Matsushita Technical Journal Vol.51 No.3（2005年6月）の高性能・高付加価

値フィルターの開発を参考にした。
17 シャープ，日立，三菱電機等の現製品の仕様をホームページで確認したものである。
18 ダイキン工業ホームページ「ダイキンの歴史」，「ダイキンと空気の歴史」より。
19 『日経MJ』(1986/8/28)では代表的方式としてファン型，イオン型が取り上げられている。
20 http://www.jftc.go.jp/info/nenpou/h13/13kakuron00002-4-2.html
21 シャープ，パナソニック，ダイキン工業，三洋電機を現製品の仕様をホームページで確認する限りにおいて，採用はされていない。
22 シャープ，パナソニック，三洋電機は空気清浄機では両方式併用している。ただし，シャープの「イオン発生機」は，空中除菌だけの機能を使用している（各社のホームページによる）。
23 『日経MJ』(1995/1/14)
24 『日経産業新聞』(1999/9/22)
25 『日経産業新聞』(1999/9/22)
26 インタビューは2009年4月〜5月にかけて実施した。インタビューイは，ナノイー：パナソニック（株）コミュニケーショングループ宣伝企画チーム山田一郎参事，森田全紀主事，パナソニック電工（株）アクア・デバイス事業部事業企画部ループ秋定昭輔氏，ウイルス・ウォッシャー：三洋電機（株）マーケティング本部事業企画部髙田八寿男部長，梅田恵吾主任，三洋コマーシャル販売（株）店舗ショーケース営業企画部森家浩平氏，電撃ストリーマ：ダイキン工業（株）空調営業本部事業戦略室商品企画担当多田裕之課長である（所属，肩書きはインタビュー当時）。
27 http://panasonic.co.jp/ism/nanoe/nanoe01.html
28 http://panasonic-denko.co.jp/corp/philosophy/torikumi
29 ペルチェ方式とは，「ペルチェ素子」という半導体素子に電圧をかけることで素子の片側を冷やし，片側に熱を持たせる仕組みを利用して，ナノイーを発生させる電極を冷やし，空気中の水分を結露させる技術である（http://panasonic.co.jp/ism/nanoe/nanoe01.html）。
30 http://panasonic.co.jp/company/info/history/
31 同社は，2011年株式交換によってパナソニック株式会社の子会社となった。
32 除菌電解ミスト方式は，電解水を霧状にした除菌電解ミストを放出して，空気中のウイルスなどを抑制する技術である。

33　三洋電機㈱研究開発本部エコロジー技術研究所井関正博氏2008年12月9日付け資料による。
34　ただし，インタビュー後，2009年末のインフルエンザの流行時には，「光速ストリーマ技術」をブランド化し，広告を積極的に展開している。

第5章 成分ブランドと市場志向

　ここまで成分ブランドの現状について，いくつかの代表的な成分ブランド事例について整理し，特に空気清浄機を取り上げ，成分ブランドが関わる製品開発プロセスの特質を事例調査によって明らかにしてきた。並行して，成分ブランドに関する研究がいかなる潮流をたどってきたかについて，製品開発との関連の中で整理を行った。

　本章では，前章の個別事例調査で得られた知見に基づき，まずはじめに市場志向概念とその先行要因および成果について，これまでの研究蓄積をレビューする。その上で，市場志向をもたらす重要な要因としての組織内コミュニケーションに注目し，異部門によって構成される製品開発組織における組織内コミュニケーションの難しさについて整理する。さらに，そのような困難を克服する手段としての成分ブランドの存在について理論的な位置づけを行う。具体的には，成分ブランドによって製品開発組織内のコミュニケーションが活性化し，結果として市場志向が進み，価値観共有や多様な部門からの積極的参加といった製品開発における効果について検討する。そして最後に，仮説を提示する。

1 市場志向の重要性

1.1 市場志向とは

　市場志向概念は，そのマーケティングにおける重要性にもかかわらず，1990年代に入ってようやく精緻化が進み始めた（水越 2006）。同概念については，以降さまざまな研究がなされており，研究ごとにその概念定義も異なっている。ここでは，その主要な研究であるNarver and Slater（1990），Kohli, Jaworski and Kumar (1993), Deshpandé, Farley and Webster (1993) についてその概念枠組を整理する。その上で，本研究が市場志向概念として依拠する Deshpandé and Farley (1996) の包括的枠組について記述する[1]。

　市場志向概念に関する代表的研究としてまず，Narver and Slater (1990) をあげることができる。彼らは，コモディティ財と非コモディティ財に関する140の事業部を分析対象に，市場志向性と企業の収益性（相対的ＲＯＡ）との関連について調査した。彼らの研究は，市場志向をより文化的側面から捉えている点に特徴がある。

　彼らの定義によれば，市場志向とは「購買者にとっての優れた価値と，結果として企業にもたらされる持続的な好成果を創造するために必要な行動について，最も効果的かつ効率的に生み出すような組織文化 (p.21)」とされる。さらに，市場志向は「顧客志向」「競合志向」そして「部門間調整」という３つの下位概念に分解される。まず「顧客志向」は，①顧客へのコミットメント，②顧客価値を創造する，③顧客ニーズを理解する，④顧客満足を目標とする，⑤顧客満足を測定する，⑥販売後サービス，の６項目によって構成される。「競合志向」は，①販売員が競合他社情報を共有している，②競合他社のアクションに迅速に対応する，③トップマネジャーが競合他社の戦略について議論する，④競争優位のための機会に照準を当てる，以上の４項目で構成される。最後の「部門間調整」は，①顧客からの電話が職能横断的に処理される，②複数の職能で情報が共有されている，③戦略において職能統合が進んでいる，④すべての職能は顧客価値に貢献する，⑤他の事業部と資源を共有する，以上の５項目によって構成される。

　一方，Narver and Slater (1990) と同時期に，Kohli and Jaworski (1990) による一連の研究蓄積が発表され，行動や反応といったより行動的視点からの市場志向概念の定義付けが試みられた。後のKohli, Jaworski and Kumar(1993) やJaworski and Kohli (1993) においても同様の定義が採用され，市場志向をもたらす要因と，市場志向によってもたらされる成果との関連について，いくつかの興味深い実証研究がなされている。

MARKOR尺度と呼ばれる彼らの市場志向は,「顧客の現在および将来のニーズに関する市場情報を全組織的に生成し,組織内で水平的かつ垂直的に情報を普及させ,市場情報に対して全組織的に行動,反応するもの（p.467）」と定義される。先のNarver and Slater（1990）と同様,市場志向には3つの下位概念があり,それらは「情報生成」「情報普及」「反応性」とされる。「情報生成」は,顧客ニーズ対応のための市場情報を組織内で生成する活動を意味している。「情報普及」とは部門間に市場情報を普及する活動のことを指す。最後の「反応性」はさらに,「組織内で広く市場情報に基づく対応を立案する活動」と「そのような対応策を実行する活動」の2つに分けられる。この定義では,顧客ニーズを核とした市場情報を中心に,その生成,普及,反応といった組織活動を広く捉えているところに特徴がある。

　32項目をふるいにかけ,「情報生成」で6項目,「情報普及」で5項目,「反応性」で9項目の,合計20項目を抽出している。「情報生成」に関しては,①顧客に少なくとも年に一度は会って将来必要な製品やサービスについて調査している,②インハウスの市場調査を数多く行っている,③顧客の商品に対する選好を捉えるのが遅い（リバース項目）,④製品とサービスのクオリティを把握するために少なくとも年に一度はエンドユーザーを対象とした調査を行っている,⑤業界における根本的な変化（競争や技術,政策）を察知するのが遅い（リバース項目）,⑥ビジネス環境の変化（政策など）が顧客に与えるであろう影響について定期的にレビューしている,以上の6項目により構成される。

　「情報普及」は,①市場動向や開発状況について少なくとも四半期に一度は部門間のミーティングを行っている,②マーケティング部門のメンバーは顧客の将来のニーズについて他の職能部門と議論することに時間を割いている,③市場における主要な顧客に何か重要な変化が起こった場合,事業部全体が短期間でそれを把握できる,④顧客満足に関するデータは事業部すべてのレベルにおいて定期的に共有している,⑤1つの部門が競合他社に関して何か重要な発見をしても他の部門に伝達するのに時間がかかる（リバース項目）,以上の5項目によって構成される。

最後の「反応性」については，①競合他社の価格変更に対してどう反応するか決定するのに非常に長い時間がかかる（リバース項目），②何らかの理由で顧客の製品やサービスに対するニーズ変化を無視してしまう傾向がある（リバース項目），③顧客の要望に適合するよう製品開発努力を定期的にレビューしている，④事業環境の変化への対応について複数の部門が集まって議論する，⑤われわれの顧客に対して競合他社が強烈なキャンペーンを行った場合は即座に対策を講じる，⑥事業部における部門の活動はうまく調整されている，⑦事業部では顧客クレームが無視される（リバース項目），⑧たとえ優れたマーケティング計画を思いついたとしてもタイムリーに実行することはできないだろう（リバース項目），⑨顧客が製品やサービスの変更を望めば関連部門は懸命に努力するだろう，の9項目により構成される。

市場志向概念に関する主要な研究成果の3つ目は，Deshpandé, Farley and Webster（1993）による研究である。Deshpandéらは，日本企業における138名の管理職を対象に調査を実施し，「企業文化」「イノベーション」「市場志向」が企業成果（相対的収益性，相対的サイズ，相対的成長率，相対的市場シェア）に与える影響について検証している。

彼らは市場志向という用語を明示的に使用していないが，同義の概念として顧客志向概念を定義付けている。そこでは，顧客志向は企業文化の一部として捉えられており，「顧客の関心を第一に置くような信念の体系である（p.27）」と定義されている。

彼らはそれまでの研究蓄積を整理し，顧客志向の操作的定義を以下の9つの項目によって行った。それは，①顧客サービスのルーチンや標準的な尺度をもっている，②市場と顧客情報をベースとした製品・サービス開発を行っている，③競合他社をよく知っている，④顧客が製品やサービスのどこに価値を置いているかよくわかっている，⑤競合他社に比べてより顧客に焦点を当てている，⑥競争の基本は製品やサービスの差別化である，⑦経営者よりも顧客の関心がいつも第一に考慮されている，⑧事業において私たちの製品・サービスは最良のものである，⑨何よりも顧客のためにこの事業は存在している，の9項

目である。

　市場志向という概念については，Jaworski and Kohli（1993）は行動や反応といった行為的側面に焦点が置かれているのに対し，Narver and Slater（1990）では「企業文化」として，より文化的側面が強調されている。Deshpandé, Farley and Webster（1993）もNarver and Slater（1990）と同様に，顧客志向（＝市場志向）を組織文化の一部として考えている。

　これら3つの研究を整理し，行動的側面と文化的側面について包括的に考慮したメタ分析を行ったのがDeshpandé and Farley（1996）である。彼らによる市場志向の概念定義は，上記3つの研究の潮流をまとめたものであり，それゆえ包括性の高い枠組となっている。行動・反応の側面と文化的側面をバランスよく包摂した概念定義であり，かつ，項目数も実用的で優れていると考えられるため，本研究も彼らの市場志向概念の操作的定義に依拠して調査を行っている。

　彼らが最終的に抽出した項目は，①事業の目的は顧客満足を第一としていた，②顧客ニーズ実現のために自らの主体的な取組み姿勢や考え方を常に気にしていた，③競合に対する自らの成功／失敗経験について異なる部門をまたいで自由に情報のやり取りを行った，④競争戦略の立案は顧客ニーズに基づいていた，⑤顧客満足を調査する体制があり調査を頻繁に行っていた，⑥顧客サービスについて定期的もしくは標準的な測定方法があった，⑦製品開発は業界の中では顧客重視であったと思う，⑧製品開発で最も重視されていたのは顧客であった，⑨少なくとも1年に一度はエンドユーザーの意見を調査し製品やサービスの質を評価していた，⑩開発に携わるメンバーすべてに（上下問わず）顧客満足に関する調査結果が共有される仕組みがあった，の10項目で構成される。この操作的定義は，それまでの3つの研究が扱っていた「市場情報に対して組織がいかに対峙するか」という問題について，行動的指標と文化的指標をミックスしつつ，より幅広い項目を盛り込んだものであり，包括性の高い優れた指標であるといえる。

1.2 市場志向をもたらすもの

　市場志向をもたらす要因についても，これまで，さまざまな研究者によって議論されている。ここでは，その主要な2つの研究について整理する。

　まず，Jaworski and Kohli（1993）においては，市場志向をもたらす要因として「トップマネジメント」「組織間ダイナミクス」「組織システム」の3つがあげられている。「トップマネジメント」は2つの要素から構成されており，それらは「トップの強調姿勢」および「リスク回避志向」である[2]。前者が市場志向と正の関係にあるのに対して，後者は負の関係にあるとされる。次に「組織間ダイナミクス」は，「部門間コンフリクト」と「部門間連携」という2要素から構成される。前者は市場志向と負の関係にあり，後者は逆に正の関係にある。「組織システム」については，4つの要素があるとされる。それらは「標準化の度合い」「集権化の度合い」「部門細分化の度合い」「報酬システム」であり，このうち報酬システムは市場志向と正の関係がある。一方，「標準化の度合い」「集権化の度合い」および「部門細分化の度合い」は，彼らの市場志向概念定義における下位概念のうち，「情報生成」「情報普及」に対しては負の関係をもち，「反応性」には正の関係をもつとされる。

　一方，メタ分析によって，それまでの研究を包括的に整理したのがKirca et al.（2005）である。Kircaらは，市場志向をもたらす要因として3つの要因を導出している。それらはトップマネジメントによる強調である「トップマネジメント要因」，部門間協働と部門間競争によって構成される「部門間要因」，そして，「集権化」「標準化」「市場ベースの報酬システム」「市場ベースの訓練」の4要因によって構成される「組織システム」である。

　両者の研究は，おおむね同様の見解を示している。すなわち，市場志向は，トップマネジメント，部門間の関係性，組織におけるシステムという3つの要因によってもたらされるという点である。前述のインタビューでも発見されたように，マーケティング部門とR＆D部門との関係における成分ブランドの効果が期待できそうであることから，とりわけ「部門間の関係性」という要因に注目することが有益だろう。

1.3 市場志向の成果

　前項では市場志向をもたらす要因について整理したが，ここでは市場志向によりもたらされるものについて整理を行う。この点に関する研究は多数存在するが，その主張点は「ビジネスの成果に好意的な影響がもたらされる」「組織メンバーに好ましい影響がもたらされる」のいずれか，もしくは両方であり，この点においておおむね類似したものとなっている。ここでは，主要な研究であるNarver and Slater（1990）およびSlater and Narver（2000），Jaworski and Kohli（1993），そしてKirca et al.（2005）による研究成果を確認する。

　まず，Narver and Slater（1990）およびSlater and Narver（2000）においては，市場志向の成果としてビジネスの収益性をあげている。これは他の研究でも確認されており，市場志向はビジネス収益性につながるという一連の研究蓄積を生み出している。この点はNarver and Slater（1990）において検証され，さらに後のSlater and Narver（2000）では回答者バイアスを除去し，サンプルを拡大した上で，よりバランスのとれた検証が行われている。結果はいずれも市場志向がビジネスの収益性につながるというものであった。

　一方，Jaworski and Kohli（1993）においては，大きく2つの成果変数がとられている。それらは「従業員に対する効果」と「ビジネスの成果」である。前者は「組織コミットメント」と「組織成員間の協調姿勢の醸成」という要素に分解されており，いずれも市場志向が高まることで増加することが確認されている。後者も同様に市場志向の高まりとともに改善することが指摘されているが，その効果は市場や競争，技術に関する環境効果によって影響を受けるとされている。

　最後に，Kirca et al.（2005）においては，概念モデルとして「組織成果」「顧客成果（クオリティ，ロイヤルティ，満足）」「イノベーション成果（革新性，新製品成果）」「従業員成果（組織コミットメント，チームスピリット，顧客志向，役割コンフリクト，職務満足）」が提示され，メタ分析が試みられた。その結果，市場志向は「革新性」および「顧客ロイヤルティ」「クオリティ」を経由して組織成果に影響を与えることが明らかにされている。

いずれの研究においても，市場志向によって優れたビジネス成果が得られ，かつ，従業員への好ましい効果がもたらされることが主張されている。このことからも，製品開発においていかに組織内に市場志向を浸透させるかが企業にとっても重要となる。しかしながら，多様性の高い製品開発組織においては，市場志向の浸透が難しくなるといわざるを得ない。これは，開発組織の構成メンバーが，異なる複数の部門にまたがってしまう場合，特に顕著となる。
　たとえば，製品開発組織を技術・研究開発・設計部門や生産・購買部門といった「技術寄りの部門」と，営業・広告・マーケティング部門や商品企画部門などの「市場寄りの部門」の2つに分けて考えてみよう。後者においては，日々の業務においても市場情報を参照することが多く，それだけ市場志向が相対的に強いことが想定される。したがって，製品開発組織への市場志向浸透という問題を考える場合，彼らの存在は肯定的なものとして捉えられるだろう。
　一方，「技術寄りの部門」においては，市場情報よりもむしろ技術に関する情報が参照され，日々の業務における意思決定の基準となっていることが多い。したがって，彼らの関心は市場情報よりもむしろ技術情報に向けられていると考えられる。よって，製品開発組織において市場志向を浸透させるには，技術寄りの部門に市場情報を処理させ，学習させていくことが重要な課題となる。このようなプロセスについて，本研究は特に組織内コミュニケーションという視点からの考察を試みる。以下，節をあらためて議論することとする。

2　市場情報の利用と組織内コミュニケーション

　市場志向を浸透させることは，市場に関するさまざまな情報を組織成員が利用することによって実現される。この市場情報の利用は，組織内コミュニケーションによってもたらされるところが大きいが，特に多様な部門によって構成される製品開発組織においては，組織内コミュニケーションが十分進まないことが指摘されている。以下では，この点について，既存研究を確認していく。

2.1 市場志向の浸透：市場情報の利用

　市場情報とは，「新製品の市場規模，顧客のニーズや欲求，市場セグメントの性質，競合企業の戦略や行動などの要素から構成され，市場調査，流通企業との商談，競合分析といったさまざまな方法で入手される（Ottum and Moore 1997）」ものである。また，市場情報の利用とは，「市場情報を収集し，部門間で共有し，組織メンバーの行為・知識・感情に直接的あるいは間接的に影響を与えること（川上 2005, p.97）」と定義される。市場情報の定義をみればわかるように，前節で確認した市場志向の概念に非常に類似しており，市場情報の利用は市場志向の浸透と同等とみなしてよいだろう。したがって，開発組織のメンバーが市場情報を積極的に利用する状況は，彼/彼女らの市場志向性が高い状態であるといえるだろう。

　川上（2005）は，「市場情報の利用」に関する諸研究について整理している。それによれば，市場情報の組織内利用に関する研究は，その分析水準が個人から部門へ，部門から組織へとシフトしてきた（川上 2005）。1980年代に行われた研究では，マーケティング部門のマネジャーがいかなる条件において外部の調査機関による市場調査を利用するかについて研究の関心が集まっていた（たとえば，Deshpandé 1982など）。その後，製品開発組織におけるマーケティングとR＆Dの統合という文脈において，マーケティング部門が収集した市場情報をR＆D部門がどのような時に採用するのかについて，さまざまな研究が蓄積されることになった（たとえば，Gupta and Wilemon 1988a,b; Fisher, Maltz and Jaworski 1997など）。

　製品開発組織の成員が市場情報を効果的に利用し，結果として市場志向が浸透するためには，組織内コミュニケーションが十分に行われる必要がある。先に述べたように，製品開発組織が，市場寄りの部門からだけでなく，技術寄りの部門からも構成される場合，特に後者に対していかに適切なコミュニケーション機会を与えて，市場情報について理解させるかが鍵となる。しかしながら，異なる部門間におけるコミュニケーションは，非常に難しいものである。以下，項をあらためて確認していこう。

2.2 異部門間のコミュニケーション

まず，組織内コミュニケーションについてみてみよう。本研究との関連では，Maltz and Kohli (1996) による情報の普及という概念と，Fisher, Maltz and Jaworski (1997) によるコミュニケーション行為という概念が有用な示唆を提供してくれる。

Maltz and Kohli (1996) は，組織におけるコミュニケーションを，情報の普及という概念で捉えている。彼らによれば，情報普及とは「普及頻度」と「普及の公式度」によって構成される。「普及頻度」とは，「特定期間中に送り手と受け手間に生起した普及イベントの数 (p.48)」である。ここでは，情報がやり取りされた回数として定量的に捉えられている。「普及の公式度」とは，「特定期間中に生起した普及イベントのうち，公式度の高い普及イベントの割合 (p.48)」であり，さらに2つに分解される。1つ目の要素は「立証可能性」であり，これは「普及プロセスにおいて，送り手から受け手に情報が移転したことを第三者が証明できるかどうか (p.48)」に関わるものである。2つ目の要素である「自発性」は，「情報普及が事前に計画されていたかどうか (p.48)」に関わるものである。彼らの定義の特徴は，コミュニケーションを頻度と質的な特性の2つで捉えていることである。

より明示的に組織内コミュニケーションを概念化したものが，Fisher, Maltz and Jaworski (1997) である。彼らの定義によれば，コミュニケーション行為は「コミュニケーション頻度」「双方向性」「変化の強要」という3つの側面から捉えられる。「コミュニケーション頻度」は「特定期間中に機能分野間で情報が交換された回数 (p.55)」を指す。これは先のMaltz and Kohli (1996) の「普及頻度」と類似した要素である。次に「双方向性」とは「マーケティング部門と技術部門間のコミュニケーションが二方向プロセスである度合い (p.55)」である。そして「変化の強要」は「（コミュニケーション内容に）従わない場合，コミュニケーションが否定的結果につながる度合い (p.55)」である。彼らの概念定義も同様に，コミュニケーションを頻度と質的な特性の2つで捉えている。

上の2つの代表的な研究にも確認されるように，コミュニケーション概念は単なる頻度といった側面から，コミュニケーション内容の質的な特徴へと精緻化が進んでいる（川上 2005）。質的特性の把握については研究者ごとにさまざまな理解のしかたがあり未だ固まった定義はないものの，いずれの研究においてもコミュニケーション頻度が重要な変数として取り上げられている。本研究では，この「コミュニケーション頻度」に注目し，特にMaltz and Kohli（1996）が頻度を測定する項目として採用した13のコミュニケーション手段について，「文書（メモやレポート，ファックスなど）によるコミュニケーション」「口頭（会議や打ち合わせ，電話など）によるコミュニケーション」，および「電子機器（eメール，電子会議）によるコミュニケーション」の3つに集約し，調査に反映させている。

組織内コミュニケーションは，異部門間の情報交換を通じて，特に技術部門の市場情報への理解を促進する効果が期待できる。しかしながら，先に触れたように，製品開発組織は多様な部門から構成され，結果的に組織内コミュニケーションは困難に直面する。この点について，たとえばButler（1976）は，R＆D部門とマーケティング部門が異なる志向性を有することについて言及している。また，時間への志向性や課題の不一致（Monteleone 1976），あるいは相互に抱いている悪いイメージ（Bissell 1971）などによっても，異部門間のコミュニケーションは阻害されることになる。

異部門間のコミュニケーションを阻害する要因について，Dougherty（1992）は興味深い点を指摘している。彼女は，異なる部門の成員はそれぞれが独自の「思考世界」を有しており，社会的行為主体として，他者との相互作用の中で意味を生成，解釈，理解する存在であるとしている。そして，異なる部門からの組織成員が，異なる解釈スキーマや組織ルーチンを有することによって，部門間コミュニケーションが分断されてしまう可能性について言及している。異部門（とりわけ技術分門とマーケティング部門）が協働することで製品イノベーションはより成功しやすくなるが，そのような協働はなかなか実現しない。彼女によれば，これは異なる「思考世界」に原因があるという。

さらに，Gupta and Wilemon（1988b）は，80名のR＆Dマネジャーを対象とした調査結果に基づいて，とりわけ技術部門が技術情報に焦点を当ててしまう傾向があり，市場情報利用に積極的でないことを指摘している。彼らは，R＆D部門とマーケティング部門の対話という文脈において，R＆D部門の傾向について整理している。それによれば，R＆D部門は具体的で明確な客観的データを求める傾向があり，結果として，マーケティング部門のデータを信頼しないとされる。

　彼らの調査結果によれば，マーケティング部門からのデータについて，以下の項目について，「好ましくない」と回答したR＆D部門マネジャーが，「好ましい」と回答したものよりも多くなっていた。具体的には，マーケティング部門からの市場情報は，彼らにとっては，①製品設計上の考慮がなく，②矛盾しており，③不完全で，④市場ニーズを理解しておらず，⑤技術についても理解していない，などであった。また，同データでは，以下の点において「好ましい」と回答したサンプルと「好ましくない」と回答したサンプルが同数程度だった。すなわち，マーケティング部門からの市場情報データは，①競争について理解できておらず，②データ収集が小サンプル・偏っており，③R＆D部門の問題解決に資することなく，④マーケティング代替案がデータと結びついていない，などと知覚されていた。結果的に，彼らは，R＆D部門がマーケティング部門からの情報を使用したがらない，と結論づけている。

　さらに，Gupta and Wilemon（1988a）は，R＆D部門がマーケティング部門に求めることに関して，①R＆D部門の人と一緒に働く，②技術に対する理解を深める，③コミュニケーションスキルを上げる，④市場を知る，⑤R＆D部門の人を理解する，⑥マーケティング代替案にかかるコストを知る，などの具体的項目をあげている。これらのことは，製品開発組織における技術寄りの部門と市場寄りの部門が，相互に円滑なコミュニケーションを図り，理解を深めることが難しいことを示唆している。

　まとめると，開発組織における市場志向の浸透，とりわけ，技術寄りの部門への浸透には，さまざまな困難が伴っているといえる。製品開発組織における

異部門は異なる「思考世界」を有しているため，自らの思考スキーマにとらわれてしまう（Dougherty 1992）。異部門協働は優れた製品開発へ繋がることは数多くの研究で指摘されているものの（Souder and Chakrabarti 1978; Souder 1980, 1981, 1988; Gupta, Raj and Wilemon 1985a, b, 1986b；Dougherty 1992），異部門で構成された製品開発組織におけるコミュニケーションは困難をきわめることとなる。たとえ形式的に異部門を製品開発組織に編成し，積極的なコミュニケーションを働きかけたとしても，異なる解釈スキーマによって相互理解は分断されてしまうのである。

異部門間のコミュニケーションを促進し，効果的に市場志向を浸透させる手段はないものだろうか。この点に対して本研究は，成分ブランドを製品開発に採用することがこの困難を克服する手段となりうると考える。以下，節をあらためてみてみよう。

3 技術への市場情報の組み込み

本節では，技術に市場情報をブランド連想という形で組み込んだ存在として成分ブランドを捉え，それが製品開発における異部門間コミュニケーションの困難性を克服する可能性があることを述べる。はじめに，成分ブランドに関する定義と，成分ブランドによってもたらされる諸効果を検討する際に参考となると考えられる，Keller（1998）によるブランド知識構造というフレームワークについて確認する。その上で，製品開発において成分ブランドがいかなる効果を有するかについて考察する。さらに，成分ブランドによる効果が，その認知度によって強化されることを述べた上で，最後に仮説を提示する。

3.1　成分ブランドとは

Desai and Keller（2002）は，成分ブランドを「特定ブランドにおけるキー属性が，別のブランドに成分として組み込まれたもの（p.73）」と定義している。

ブランド研究における成分ブランドは，特定ブランドを強化するための二次的ブランド連想の一類型として位置付けられる。成分ブランドが特定ブランドに追加されることにより，特定ブランドの品質評価が改善したり（Desai and Keller 2002），知覚リスクが低減したりと（McCarthy and Norris 1999），さまざまな効果があることが，特に消費者行動の分析視点から指摘されている。

しかしながら，成分ブランドに関する既存研究は，そのほとんどが消費者反応における効果について検証するものであった（たとえば，Levin et al. 1996；Clayton and Surinder 1995；Desai and Keller 2002；McCarthy and Norris 1999；Park et al. 1996；Vaidyanathan and Aggarwal 2000など）。言い換えれば，企業の生産活動の結果としての最終製品に対する消費者反応において，成分ブランドがいかなる効果を有するかについて考察するものがほとんどであった。本研究の目的は，製品開発過程における成分ブランドの効果について考察することにある。企業が持続的な競争優位を構築する手段として成分ブランドを製品開発過程において活用できるならば，同様に重要なものであると考えられる。

製品を構成するキー属性がブランド化することによって，特定の属性（その多くは素材や成分などの要素技術）に消費者ニーズや便益などの市場情報が組み込まれる。すなわち，技術情報と市場情報が接合され，成分ブランドという場において同時に存在することになるのである。この技術がブランド化することについて，Keller（1998）によるブランド化の議論に即して説明する。

Keller（1998）は，ブランド化について，「消費者に精神的な構造を創り出すこと」と定義している。より具体的には，消費者が意思決定を単純化できるように，製品やサービスについての知識を整理させ，学習させることであるとしている。結果として，ある製品カテゴリー内において，消費者に異なるブランド間の差異を知覚させることになる。そして，ブランド化は「識別させる」「意味を教える」という大きく2つのステップにより達成される。このことは，消費者にブランドに関する情報を学習させて，彼ら／彼女らの中に知識構造，すなわちブランド知識を形成することを意味している。

ブランド知識は，ブランド認知とブランド・イメージによって構成されてい

る。ブランド認知はさらに，ブランド再認とブランド再生という2つに分けられる。前者が特定のブランドが与えられた時それを識別できるかという消費者の能力に関連しているのに対し，後者は特定のブランドが手がかりとして与えられない時，それを思い出すことができるかという消費者の能力に関連している。ブランド知識は，特定のブランドが考慮集合に入れられるかどうかといった点に影響し，結果として最終的な消費者の購買意思決定過程に影響を与える。

　ブランド・イメージとは，「消費者の記憶内にあるブランド連想の反映としての知覚（p.131）」であり，そのようなブランド連想には，特有の好ましさや強さ，ユニークさがあり，消費者の購買意思決定過程に影響を与える。ブランド連想には，属性，ベネフィット，態度という，大きく分けて3つのタイプがある。

　属性に関するブランド連想には，製品関連属性に関するものと，製品非関連属性に関するものの2つがある。Kellerがここでいう属性とは，「製品やサービスを特徴づける記述的性質であり，その製品やサービスは何であり，何をもっていると消費者が思うか，あるいはその購買や消費に関連するものは何か（p.132）」として捉えられている。製品関連属性とは，製品を構成する素材や材料などのことである。一方，製品非関連属性は，「価格」「使用者イメージと使用イメージ」「ブランド・パーソナリティ」「フィーリングと経験」により構成される。いずれにしても，選択代案を特徴づける属性に関連したブランド連想は，消費者の購買意思決定過程に影響を及ぼす。

　ベネフィットとは，「製品やサービスの属性に消費者が付与する個人的価値や意味のこと（p.138）」であり，機能的，象徴的，経験的の3つのタイプに分けられる。機能的ベネフィットは，消費場面において消費者にもたらされる内在的利便性を指し，主に製品関連属性と関係している。象徴的ベネフィットは，消費場面において消費者にもたらされる外在的利便性を指し，主に製品非関連属性と関係している。経験的ベネフィットとは，消費者が実際の消費局面において感じることであり，製品関連属性にも製品非関連属性にも関係している。いずれにしても，消費場面において消費者にもたらされるベネフィットに対す

る消費者の主観的イメージは，彼ら／彼女らの購買意思決定に大きな影響をもたらす。

　ブランド態度とは，「ブランドに対する消費者の全体的な評価（p.139）」と定義され，非常に抽象的ではあるが，消費者の購買意思決定過程に対して重大な連想をもたらす。ブランド態度は，先述の属性とベネフィットに関する消費者の連想に依存している。換言すれば，特定製品に対する評価に関わる消費者の態度は，その製品のもつ属性やベネフィットに対する彼ら／彼女らの評価によって形作られるということである。いずれにしても，特定のブランドに対する消費者の態度も，彼らの購買意思決定に大きな影響を及ぼすことはいうまでもない。顧客ベースのブランド・エクイティを生み出す源泉となるブランド知識をまとめたものが図表5－1である。

　ブランド知識に関するKeller（1998）の議論は，製品を構成する要素技術がブランド化する成分ブランドについて，それを採用する製品開発組織のメンバーに対して与える影響を考える際に，きわめて有用な示唆を与えてくれる。すなわち，技術が成分ブランド化することにより，その技術の属性レベルの連想だけでなく，それが消費者に対して何をしてくれるかに関するベネフィット連想や，成分ブランドに対して全体的に抱く態度といった連想をも包摂する可能性があるのである。

　第4章において確認したパナソニックの「ナノイー」という空気清浄技術を例に説明しよう。空気清浄技術は，空気洗浄力やメカニズムなど，それ単体ではきわめて技術的な情報しか含んでいない。これが成分ブランド「ナノイー」となることによって，たとえば「空気をきれいに清浄する」といった機能的ベネフィットや，「快適で過ごしやすい気持ちよい空間を提供する」という経験的ベネフィット，さらには「クリーンで健康な生活，ワンランク上の生活をもたらす」といった象徴的ベネフィットを含むことになる。これにより，単なる技術情報を超えて，最終消費者にもたらすベネフィットという，市場情報をも包摂することになるのである。これにより，開発組織においてもさまざまな効果が期待できる。以下項をかえて考察を加える。

図表5-1 Keller（1998）によるブランド知識の要約

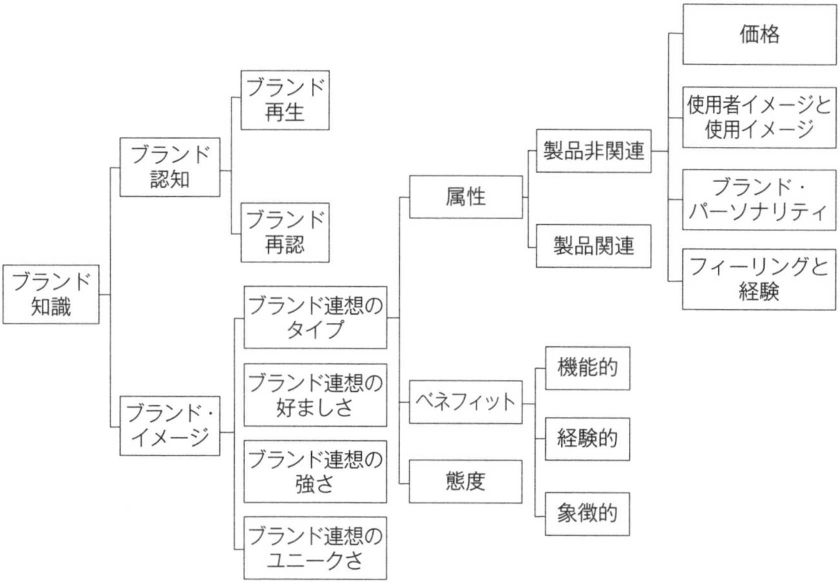

```
ブランド知識
├─ ブランド認知
│   ├─ ブランド再生
│   └─ ブランド再認
└─ ブランド・イメージ
    └─ ブランド連想のタイプ ─ 属性 ─ 製品非関連 ─ 価格
    │                                        ─ 使用者イメージと使用イメージ
    │                                        ─ ブランド・パーソナリティ
    │                                        ─ フィーリングと経験
    │                         ─ 製品関連
    ├─ ブランド連想の好ましさ ─ ベネフィット ─ 機能的
    ├─ ブランド連想の強さ                    ─ 経験的
    └─ ブランド連想のユニークさ ─ 態度       ─ 象徴的
```

出所：Keller（1998）邦訳，p.132。

3.2　成分ブランドが製品開発プロセスにもたらす効果

　本研究は製品開発プロセスにおける成分ブランドの影響について考察するのであるが，製品開発組織における，とりわけ技術部門への効果に注目する。その理由は，市場志向の製品開発組織内への浸透という問題を考えたとき，比較的市場情報の浸透が容易なマーケティング部門よりも，その浸透が困難と考えられる技術部門について考察することが，より本質的な問題の解決をもたらすと考えるからである。本研究が考える成分ブランドの効果は，大きく4つある。

　第一は，製品開発組織における異部門間のコミュニケーションを促進する効果である。開発組織における性質の異なるメンバーにおいては，これまでの議論からも明らかなように，通常はなかなか組織内コミュニケーションが進まない。しかし，技術情報と市場情報を包摂した成分ブランドが製品開発に採用されることによって，必然的に技術寄りの部門と市場寄りの部門が同じプロセス

に関わらざるを得なくなる。

　ここで成分ブランドは，技術情報に市場情報が組み込まれたものであり，市場情報がブランド連想という形で翻訳されているものである。したがって第一に，異部門間の理解度が向上することが予想される。具体的には，マーケティング部門は成分ブランドを通じて技術情報に触れる機会をより多くもつことになり，結果として技術情報に対する理解が進むことが考えられる。同時に，技術部門は市場情報を集約・要約した成分ブランドによって，市場情報への理解が増すと予想される。結果として，開発組織内における異部門間コミュニケーションが容易となり，促進されるのである。

　第二は，市場志向の浸透効果である。先にみたように，組織における異部門メンバー同士のコミュニケーションが促進されることにより，特に技術部門が市場情報に触れる機会も増加することが考えられる。同時に，成分ブランドに対して市場情報が直接的に組み込まれることで，技術部門の市場情報に対する理解も向上すると予想される。その結果，技術部門の市場情報の利用が促進され，同部門への市場志向の浸透が進むことが考えられる。

　第三，第四は，第4章の事例で明らかにされたように，開発組織メンバーにおける価値観の共有促進と，多様な部門からの積極的な参加が期待できるという効果である。成分ブランドによって市場志向が浸透した結果として，Jaworski and Kohli（1993）やKirca et al.（2005）が主張するように，組織メンバーに対してコミットメントやチームスピリットがもたらされる。したがって，価値観の共有が進み，多様な部門からの開発プロセスへの積極的な参加が得られることが期待される。

3.3　成分ブランド認知度による効果の違い

　Keller（1998）は，ブランド知識概念を構成する要素としてブランド認知をあげている。ブランド認知には，深さと幅という2つの水準がある。ブランド認知の深さは，当該ブランドが再認あるいは再生される可能性と関係しており，

深いほどその可能性は高くなる。ブランド認知の幅は，当該ブランドが思い浮かべられる購買状況や消費状況の多様性と関係しており，幅広いほどより多くの状況において当該ブランドが再認・再生される。

特定の製品開発プロセスにおいては，開発組織メンバーは成分ブランドそのものに接触していることが多いと考えられるため，ここでは幅よりもむしろ深さが重要となってくる。そして，より深いブランド認知を形成しているほど，それだけ強いブランド連想が開発組織メンバーの中に形成されている可能性が高いといえる。高いブランド認知は主として広告コミュニケーションによりもたらされるが，成分ブランドにおける強いブランド連想は，ここではより多量の市場情報が包摂された状態として理解できる。そのため，先述した4つの効果についても，認知度の高い成分ブランドが関わる製品開発プロセスの方が，低い成分ブランドの場合よりも，より顕著なものとなることが予想される。

3.4 仮説の提示

これまでの議論から，以下の4つの仮説が導出される。

仮説1　成分ブランドによる組織内コミュニケーションの促進

　成分ブランドを採用した製品開発では，採用しない製品開発に比べて，開発組織メンバー間の相互コミュニケーションがより活発である。この傾向は，認知度の高い成分ブランドにおいて特に強くなる。

仮説2　成分ブランドによる市場志向の浸透

　成分ブランドを採用した製品開発では，採用しない製品開発に比べて，開発組織メンバーの市場志向度が高い。この傾向は，認知度の高い成分ブランドにおいて特に強くなる。

仮説3　成分ブランドによる組織内における価値観の共有促進

　成分ブランドを採用した製品開発では，採用しない製品開発に比べて，

開発組織メンバー間の価値観の共有がより進む。この傾向は，認知度の高い成分ブランドにおいて特に強くなる。

仮説4　成分ブランドによる製品開発への参加促進

　成分ブランドを採用した製品開発では，採用しない製品開発に比べて，開発組織を構成する各部門の参加がより積極的になる。この傾向は，認知度の高い成分ブランドにおいて特に強くなる。

　次章では，本研究で掲げられた以上4つの仮説について，経験データの収集および分析を通じて検証を行うこととする。

◆注
1　市場志向概念・尺度については，嶋口他（2008）および岩下（2012）に詳しい。
2　トップマネジメントと市場志向の関係については，黒岩（2007）においても詳細に議論されている。

第6章 成分ブランドによる製品開発の促進
―その効果の検証

1 調査の概要

1.1 調査実施概要

　前章で導出した仮説を検証するために，WEBによる質問票調査を行った。本調査では企業活動に関する多様な活動を把握するため，製品開発に関する広範囲な質問項目を用意し，その中に仮説の検証に必要な質問を含めることとした。実施時期は2009年12月である。調査対象者はオンライン調査会社の保有するBtoBパネルに属するアンケート回答者の中で，製品開発プロセスに携わったことのあるものとした。

　以上の対象者から，製品開発に関わったことがあり，かつ，それが成分ブランドを含む製品開発であったと回答したもの100サンプル，また，製品開発に関わったことがあり，かつ，それが成分ブランドを含まない製品開発に関するものであったと回答したもの100サンプルのデータを取得した。なお，対象者の正当性を高めるために，その成分ブランド（または主要な技術）が「自社開発のものか，他社開発のものか」という問いを設け，回答をわからないとしたものは分析対象から除外した。回答は，関わった製品開発のうち最も直近のものについて答えてもらった。

　このように取得した合計200サンプルで分析を行った。

1.2 質問票の設計

　質問票は，回答者の属性の他に，成分ブランド（または主要な技術）に関す

る測定，製品開発組織の特性に関する測定，志向性に関する測定，経営資源の獲得可能性に関する測定，製品開発プロセスに関する測定，成分ブランドを使用したコミュニケーションに関する測定，の6項目によって構成した。各測定の質問項目の設計において，既存研究の概念に基づく項目は，その先行研究から尺度をもとめた。図表6－1は，質問の概要とその尺度，および尺度使用にあたり参考にした論文をまとめたものである。

　まず，成分ブランドまたは主要な技術を使用した最終製品の競争状況を把握するため，Maltz and Kohli（1996）に基づき，競合他社の製品やモデル，顧客の製品に対するニーズ，競合他社の販売戦略やプロモーションについてどの程度の速さで状況が変化していると回答者が知覚しているかを測定した。また，成分ブランドもしくは主要な技術が社内外でどれほど認知され，どの程度評価されていると回答者は考えているか，組み込むことができる製品がどの程度あると想定されるか，そして成分ブランドもしくは主要な技術に対して回答者はどの程度愛着をもっているか，などを質問項目とし，成分ブランドもしくは主要な技術の特性を把握することとした。

　次に，回答者が属した製品開発組織の特性を測定するため，製品開発プロセスにどの程度多様な部門が参加したか，担当技術者がどの程度変わったか，会議にどの程度異部門の人が関わったか，異部門間のコミュニケーション頻度はどの程度だったか，また，技術部門からみたマーケティング部門（またはその逆）に好意的なイメージをもっていたかどうか，などを質問項目として設定した。

　製品開発組織メンバーの志向性を測定するにあたっては，市場志向性，技術志向性，時間志向性，組織メンバー間の一体感の強さ，モチベーションの強さ，についての質問項目を設定した。

　市場志向性については，Deshpandé and Farley（1996）に基づき，10項目の質問を設定した。また，技術志向性についてはZhou et al.（2005）を参照し，採用された技術の革新性や洗練さなどに対して組織メンバーがどのように考えていたかを質問項目とした。さらに，時間志向性についてはGupta et al.

(1986a）を参考にし，時間志向に関する組織分野での代表的な質問項目を使用した。

その他に，組織メンバーの考え方として，技術者が技術にどの程度固執していたかを質問項目とした。また，一体感や目標の共有度合いをシェアードバリューの概念を援用して，Maxham and Netemeyer（2003）およびWieseke et al.（2009）を参考に，組織メンバー間で，価値観の共有や同調性がどの程度進んでいたかという質問項目を設定した。加えて，Kworthinik Jr et al.（2009）を参考に，製品開発組織のメンバーがモチベーションを強くもっていたかどうかを質問項目とした。

さらに，製品開発における経営資源の獲得可能性の違いをみるため，製品開発時に，どの程度稟議が通りやすかったか，資金や技術・情報の面で，どの程度社内の他部門から協力を得ることができたか，社外からの協力をどの程度得ることができたかを測定するための質問項目を設定した。

また，製品開発プロセス自体に関するものとして，開発プロセスのスピードや円滑さについての知覚，プロセス論において重要とされる製品コンセプトの確定段階の早さおよび社内への浸透を測定する質問項目を設けた。さらに，製品開発プロセスの市場導入段階において流通業者や最終消費者から順調に受け入れられたかどうかについての測定項目を設定した。

最後に，成分ブランドについてのコミュニケーションに関するものとして，広告展開手法と市場で形成されたブランド・イメージを明らかにする質問項目を設けた。

これらの質問項目に関する回答は，自由回答や属性質問および時期を問う質問についての回答以外はリッカートスケールに基づく5点評価を採用した。

2　分析結果

以上の手続を経て収集された経験データを用いて，以下では本研究が掲げる4つの仮説について検証を行う。はじめに，データの特徴を把握するために，

図表6-1　質問項目の概要

質問分類	概要	測定項目	詳細設計	尺度参照論文
成分ブランド（主要な技術）に関する測定	競争知覚	製品市場変化の速さ	競合他社の製品やモデル 顧客の製品に対するニーズ 競合他社の販売戦略 競合他社のプロモーション	Maltz and Kohli (1996)
	認知度	認知	社内認知，取引先認知，消費者認知	―
	評価	評価	トップの姿勢 資源の集中度 権限委譲度 他部門からの理解	インタビュー調査より
		最終製品における重要度		―
	成分ブランドの採用可能性	採用要請知覚	外部からの採用要請 内部からの採用要請	インタビュー調査より
		採用状況	拡張可能性	―
	コミットメント	愛着	感情的コミットメント	Meyer, Allen and Smith. (1993)
製品開発組織特性	組織特性	部門の多様性	部門の多様性 マーケティング部門の参加段階 初期段階での広告対応	インタビュー調査より
		基幹技術者の流動性		インタビュー調査より
		会議構成員の混合度合い		インタビュー調査より
		部門間コミュニケーション頻度	文書，口頭，電子機器，全般	Maltz and Kohli (1996)
		部門間イメージ	技術部門イメージ マーケティング部門イメージ	インタビュー調査より
志向性		市場志向性		Deshpandé, and Farley (1996)

		技術志向性		Zhou, Yim and Tse (2005)
		時間志向性		Gupta and Wilemon (1986b)
		技術への固執		インタビュー調査より
	一体感や目標の共有度合い	シェアードバリュー		Maxham and Netemeyer (2003)
				Wieseke, Lam and Dick (2009)
	モチベーション			Kwortnik Jr, Lynn and Ross Jr., (2009)
経営資源の獲得可能性	稟議	稟議の通りやすさ		インタビュー調査より
	協力	他部門からの協力の得やすさ	資金, 技術, 情報	インタビュー調査より
		取引先からの支援	サプライヤー	―
		流通		―
開発プロセス	スピード知覚	円滑さ		―
		スピード		―
	製品コンセプト	明確さ		―
		確定段階		―
		社内浸透度知覚		―
	市場導入段階	交渉容易性		―
		消費者の受容可能性		崔 (2008)
成分ブランドに関する広告	コミュニケーション	使用したメディア	店頭広告（パンフレット等），テレビ・ラジオ，雑誌・新聞，インターネット，チラシ	―
		ブランド・イメージ	強いインパクト	Keller (1998)
			好ましいイメージ	Keller (1998)
			ユニークなイメージ	Keller (1998)
			革新的なイメージ	―
			多様なイメージ	―

記述統計を概観する。その上で，仮説の検証を行うとともに，その他の興味深い発見事項について整理する。

2.1 収集されたデータの概要

まず，回答者の現在の所属部署については，技術・研究開発・設計部門が全体の66.0％（132サンプル）を占め，生産・購買部門の8.0％（16サンプル）を追加すると，収集されたデータの74％となった。一方，営業・広告・マーケティング部門は10.5％（21サンプル），商品企画部門は4.0％（8サンプル），経理・財務部門は0.5％（1サンプル），その他および無回答11.0％（22サンプル）であった。

次に，採用された成分ブランドについては，自社開発の成分ブランドを採用した製品開発が41.0％（41サンプル），他社開発の成分ブランドを採用した製品開発が55.0％（55サンプル）であり，わからないと回答したサンプルは4.0％（4サンプル）であった。

対象となる部品や素材が組み込まれている最終製品のカテゴリーについては，家電が27.0％（27サンプル），食品6.0％（6サンプル），生活雑貨5.0％（5サンプル），住宅3.0％（3サンプル），自動車16.0％（16サンプル），その他43.0％（43サンプル）であった。

2.2 仮説に関する分析結果

仮説を検証するにあたり，以下の3つの基準によって信頼性の低いサンプルを識別，分析から除外した。第一に，成分ブランドを採用した製品開発に関わったサンプルのうち，「当該成分ブランドが自社開発なのか他社開発なのか不明である」と回答した4サンプルを除外した。第二に，成分ブランド名称について回答した項目について，複数の研究者が独立にチェックし，不適切な名称を含む4サンプルを除外した。第三に，成分ブランドを採用しなかった製品

開発において,「当該技術が自社開発なのか他社開発なのか不明である」と回答した2サンプルを除外した。

さらに,製品開発に関わった担当者のうち,当時の所属部署が「技術・研究開発・設計部門」および「生産・購買部門」であったサンプルによって,仮説検証のためのデータセットを作成した。これは,本研究が製品開発に関わる仮説検証であることから,回答の精度を高めるため製品開発に関わりの強い両部門のサンプルに絞り込んだためである。その結果,分析対象サンプル数は166サンプルとなった。

まず,仮説検証にあたり,成分ブランドの認知度の平均値によってサンプルを分割した。認知度の算出にあたっては,質問票で採用した3項目「成分ブランドの社内認知度」「成分ブランドの取引先認知度」「成分ブランドの消費者認知度」を用いた。この3変数について,信頼性係数を算出したところ,$a=.734$となったため,aの値を考慮し,かつ,複数の項目で測定することが重要であると判断し,上記3変数の平均値を算出し利用することとした。この平均値によってサンプルを分割し,高認知度成分ブランドと低認知度成分ブランドに分類した。これに,部品や素材にブランドを付与することなく製品開発が行われたサンプル(以下,「成分ブランド不採用による製品開発」[1])を追加し,成分ブランド採用と認知度に関わるグループ化変数を作成した。

2.2.1 仮説1 コミュニケーション促進効果

仮説1は成分ブランドによる組織内コミュニケーションの促進に関するものである。仮説検証のために,「コミュニケーションが頻繁である」という質問に対し,「そのとおりである」を5〜「異なる」を1とした5点尺度による平均値に関する分析を行った。具体的にはまず,組織内コミュニケーションに関わる4項目を従属変数として,先述の成分ブランド・グループ化変数(3水準:1=不採用/2=認知度の低い成分ブランド/3=認知度の高い成分ブランド)を因子とした,一元配置分散分析を行った。結果を図表6-2に示す。本表に示すとおり,電子機器によるコミュニケーションを除くすべての変数に

ついて，1％〜10％水準で有意な結果が得られた。

個別の結果としてはまず，「文書による部門間コミュニケーション」については，高認知度の成分ブランドによる製品開発の方が，低認知度の成分ブランドによる製品開発および成分ブランド不採用による製品開発よりも，より頻繁なコミュニケーションが行われていた（平均値は順に3.69＞3.04, 3.00）。この傾向は，「口頭による部門間コミュニケーション」および「全般的な部門間コミュニケーション」についても同様に認められた。有意な結果が得られたものについて，平均値をプロットしたものが図表6－3である。以上から，電子機器によるコミュニケーションを除き仮説1は支持された。

図表6－2　組織内コミュニケーションに関する分散分析の結果

		平方和	自由度	平均平方	F値	有意確率
文書による部門間コミュニケーション	グループ間	12.474	2	6.237	7.290	.001
	グループ内	139.454	163	.856		
	合計	151.928	165			
口頭による部門間コミュニケーション	グループ間	7.271	2	3.635	4.564	.012
	グループ内	129.838	163	.797		
	合計	137.108	165			
電子機器による部門間コミュニケーション	グループ間	2.714	2	1.357	1.218	.299
	グループ内	181.630	163	1.114		
	合計	184.343	165			
全般的な部門間コミュニケーション	グループ間	4.808	2	2.404	2.765	.066
	グループ内	141.722	163	.869		
	合計	146.530	165			

図表6－3 成分ブランドと組織内コミュニケーション

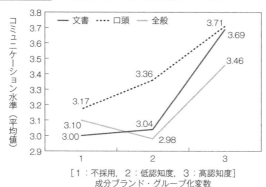

2.2.2 仮説2 市場志向浸透効果

次に，仮説2の成分ブランドによる市場志向浸透促進効果を検証するため，市場志向に関わる10項目を従属変数として，仮説1と同様に成分ブランド・グループ化変数を因子とした一元配置分散分析を行った。紙幅の都合で平均値と有意水準のみ図表6－4に示す。10項目すべての変数において，1％水準～10％水準で有意な結果が得られた。

平均値に関しても，高認知度の成分ブランドによる製品開発の方が，低認知度の成分ブランドによる製品開発および成分ブランド不採用による製品開発よりも，市場志向を構成する計10の項目すべてにおいてより高いスコアを示していた。いくつかの項目について平均値をプロットしたものが図表6－5である。以上から，仮説2については支持される結果となった。

図表6-4 成分ブランドと市場志向に関わる一元配置分散分析結果

	不採用	低認知度	高認知度	有意水準
顧客満足が第一だった	3.83	6.32	4.14	***
顧客ニーズ実現のための姿勢や考え方を気にした	3.55	3.60	3.91	**
異なる部門とも情報を交換した	3.20	3.18	3.57	*
競争戦略立案は顧客ニーズに基づいた	3.47	3.71	3.86	**
顧客満足調査を頻繁に行っていた	2.74	3.24	3.43	***
顧客サービスの定期的・標準的な測定方法があった	2.63	2.89	3.14	**
業界の中では顧客重視だった	3.50	3.64	3.91	**
製品開発で最重視されていたのは顧客だった	3.55	3.47	4.00	***
エンドユーザー調査による評価があった	2.86	3.18	3.66	***
顧客満足調査の結果が共有されていた	2.78	2.89	3.26	**

注:数値は平均値。有意水準:*p<.1, **p<.05, ***p<.01

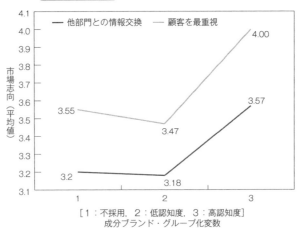

図表6-5 成分ブランドと市場志向

2.2.3 仮説3 価値観共有促進効果および
仮説4 参加促進効果

仮説3,4は，開発組織メンバーにおける価値観共有促進の効果（仮説3）と，多様な部門からの積極的な参加促進に関する効果（仮説4）である。仮説3については，価値観共有に関わる10項目を従属変数として，同様に成分ブランド・グループ化変数を因子とした一元配置分散分析を行った。その結果，7つの変数（1％水準で4項目，5％水準で3項目）において有意な結果が得られた。

一方，仮説4については，製品開発への参加に関わる4項目を従属変数として，先述の成分ブランドに関わるグループ化変数を因子とした，一元配置分散分析を行った。その結果，すべての変数において有意な結果（5％水準で3項目，10％水準で1項目）が得られた。仮説3および仮説4について統計的に有意な結果が得られた変数の抜粋を図表6－6に示す。

平均値に関して，仮説3では「メンバーは皆一様にお互いのことを気にかけていた」「メンバーの価値観は似ていた」などの価値観共有に関する項目などで，高認知度の成分ブランドによる製品開発の方が，低認知度の成分ブランドによる製品開発および成分ブランド不採用による製品開発よりも，より高いスコアを示していた。他者からの評価や批判に関わる3つの項目を除いて同じ傾向が認められた。

また，「一般的な他の製品開発と比べて，多くの部門を巻き込んで行われた」「早い段階から広告・マーケティング部門の参加があった」など仮説4に関する平均値は，すべての項目で高認知度の成分ブランドによる製品開発の方が，低認知度の成分ブランドによる製品開発および成分ブランド不採用による製品開発よりも，より高いスコアを示していた。いくつかの項目について平均値をプロットしたものが図表6－7である。仮説3については部分的に，また仮説4については支持される結果となった。

図表6-6 成分ブランドと価値観共有／参加促進に関わる一元配置分散分析結果（抜粋）

		不採用	低認知度	高認知度	有意水準
価値観共有（仮説3）	メンバーは互いに気にかけていた	3.36	3.22	3.74	***
	価値観は似ていた	3.29	3.13	3.60	**
	価値観を共有していた	3.33	3.40	3.86	***
	共有する目標があった	3.59	3.76	4.06	***
	メンバーへの批判は自分に対するものだと感じた	3.03	3.36	3.49	***
	メンバーについて語るのは自分のことのようだった	3.20	3.31	3.57	**
	メンバーへの賞賛は自分への賞賛のように感じた	3.14	3.11	3.54	**
参加促進（仮説4）	多くの部門を巻き込んだ開発だった	2.92	2.82	3.31	*
	早い段階から広告・マーケティング部門の参加があった	2.70	2.76	3.23	**
	初期段階において広告プランの検討があった	2.23	2.33	2.74	**
	会議には多様な部門が参加していた	2.85	2.87	3.31	**

注：数値は平均値。有意水準：*p<.1, **p<.5, ***p<.01

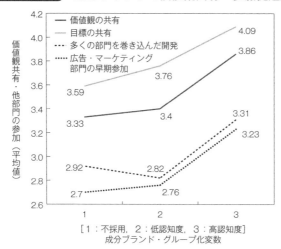

図表6-7 成分ブランドの価値観共有・参加促進効果

2.3 いくつかの興味深い発見

　ここでは，仮説以外の興味深い発見事項（図表6-8参照）について紹介する。詳細なデータは紙面の都合上割愛し，結果のみを列挙する。

　まず，調査に回答した技術部門担当者においては，高認知度の成分ブランドが関わった場合，低認知度の成分ブランドや技術のみによる製品開発と比べて，営業やマーケティングなどの部門に対しより好印象であると知覚していた。これは，市場情報を豊富に内包した成分ブランドが製品開発に関わることによって，組織内コミュニケーションが活性化し，相互理解が深まった結果もたらされたものと考えられる。

　次に，製品開発における製品コンセプトに関しては，高認知度の成分ブランドが関わった場合，低認知度の成分ブランドや技術のみによる製品開発と比べて，コンセプトがより明確で，早期に確定しており，組織内により広く浸透していたと知覚されていた。これも上記と同様，活発な組織内コミュニケーションの産物であるといえよう。特に，分析対象が技術部門であったことを考える

と，彼らに明確なコンセプトが早期に浸透していたことは，優れた製品開発へとつながる可能性が高いといえるだろう。

同時に，認知度の高い成分ブランドが関わることによって，そうでない場合よりも，組織成員の目標達成への動機付けが高まっていた。これはJaworski and Kohli（1993）やKirca et al.（2005）における研究結果とも整合的である。すなわち，成分ブランドが組み込まれ，市場志向がより組織内に浸透することによって，その成果として組織メンバーのモチベーションが高まるのである。成分ブランドによってこういった効果がもたらされた可能性があることは，興味深い結果である。

また，認知度の高い成分ブランドによって，製品開発ではサプライヤーからの支援をより受けることができていた。同時に，流通業者からの支援についても，高認知度成分ブランド，低認知度成分ブランド，技術のみの順で，より手厚い支援を受けていたことがわかった。成分ブランドが組織内部にもたらす効果だけでなく，組織外からのサポートも得ることができる点は，実務的にも注目に値する結果といえるだろう。

最後に，認知度の高い成分ブランドが製品開発に組み込まれることによるコミュニケーション促進効果や市場志向浸透効果は，最終的な製品の受容にも影響を与える可能性があることが確認された。具体的には，高認知度の成分ブランドを採用した製品開発においては，そうでないものと比べて，流通業者からも最終消費者からもより受容されていると知覚されていた。このことは市場志向が優れた企業成果をもたらすという一連の既存研究と整合的であり（たとえば，Jaworski and Kohli 1993; Kirca et al. 2005），成分ブランドの効果の広がりを感じさせるものである。

図表6-8 成分ブランドのその他効果についての分析結果

	技術のみ (不採用)	低認知成分 ブランド	高認知成分 ブランド	有意水準
営業部門が好印象	2.91	3.07	3.31	*
製品コンセプトが明確	3.55	3.76	4.00	*
製品コンセプトが早期確定	3.44	3.58	3.91	*
製品コンセプトが浸透	3.05	2.96	3.66	**
目標達成への動機付け	3.49	3.69	3.94	**
サプライヤーからの支援	3.12	3.18	3.77	**
流通業者からの支援	2.53	2.76	2.97	*
流通業者による受容	2.86	3.13	3.49	**
消費者による受容	2.91	3.24	3.57	**

注:数値は平均値。有意水準:*p<.05, **p<.01

2.4 まとめ

本研究において掲げられた4つの仮説について,いずれもおおむね支持される結果となった。具体的には,認知度の高い成分ブランドが製品開発に採用されることによって,①組織内コミュニケーションはより活発なものとなり,②組織内部に市場志向が浸透し,③組織メンバーの価値観の共有が進み,④多様な部門からの積極的な参加が得られることが確認された。検証された概念モデルを図表6-9に示す。

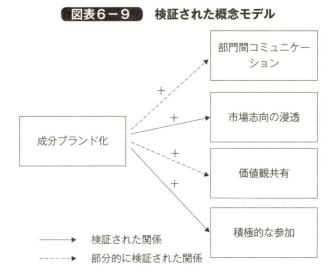

図表6−9　検証された概念モデル

さらに，興味深い発見としては，認知度の高い成分ブランドが製品開発に関わることによって，①他部門に対する印象（特に，技術部門の営業などの部門に対する印象）が好ましくなり，製品コンセプトが早期に明確化，浸透し，③メンバーが目標達成に向けて動機付けられ，④サプライヤーや流通業者などの外部からの支援を受けることができ，⑤流通業者や最終消費者などの川下での製品受容度が高まることが確認された。

本節では，製品開発における成分ブランドの効果を検証してきた。次節では，仮説検証の結果を踏まえ，製造企業の成分ブランドを通じたコミュニケーションに関わる具体的な展開方法を経験データに基づいて検討する。

3　成分ブランドのコミュニケーション展開と考察

3.1　認知度に関する考察

仮説検証においては，市場志向などの媒介変数として認知度に注目したが，そこで用いた認知度は，その対象によって分類された，①社内認知度，②取引

図表6-10　認知度に対する成果変数の構成概念妥当性

概　念	質問変数の数	Cronbach α
市場志向	10	0.871
価値観の共有	10	0.876
コミュニケーション促進	4	0.820

先認知度，③消費者認知度，という3つの認知度から得られる合成指標であった。実際に，認知度を高めるためのコミュニケーション活動を展開する上では，まず，その対象を明確にしなければ効率的なものとはなり得ないだろう。そこで，前節までの仮説検証の際に収集したデータを用い，①社内認知度，②取引先認知度，③消費者認知度，が市場志向をはじめとする成分ブランド効果変数に与える影響の度合いについて探索的に分析を行った。分析に用いたサンプルは，前節の検証で用いた166サンプルのうち，成分ブランドに関わる回答となっている80サンプルである。残りの86サンプルは，成分ブランド化していない「技術」に関する回答であるため，本節での分析から除いてある。

　まず，分析に先立ち，概念として操作化されている変数については，構成概念妥当性をチェックの上，妥当性の高い変数群については，質問変数を概念としてひとまとめにした上で，先行変数との関係を分析することとした。具体的には，市場志向，価値観共有，コミュニケーション促進についての構成概念妥当性は，図表6-10に示すとおり，高い値（Cronbachのα係数）が得られたことから，概念レベルでの分析を行うこととした。なお，仮説で用いた組織メンバーの製品開発プロセスへの参加促進については，概念として操作化したものではなく，それぞれの質問変数に個別の意味が存在しているため，個々の質問変数とそれに先行する各認知度との関連をみることとした。分析は図表6-11のフレームワークに従い重回帰分析を用いて行った。

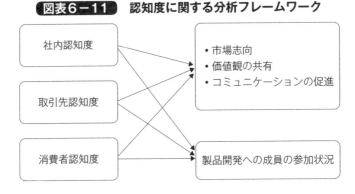

図表6−11 認知度に関する分析フレームワーク

　まず，市場志向，価値観の共有，コミュニケーションの促進と各認知度との関係を図表6−12に示す。いずれの成果変数も，社内認知度の影響は大きくなく，市場志向ならびに価値観の共有では，消費者認知度の影響が大きいことがわかる。一方，コミュニケーションの促進に関しては，取引先認知度が高い方が有効である。社内認知度が高ければ，コミュニケーションの促進をはじめとして，市場志向や価値観の共有などに正の影響を及ぼしそうであるが，むしろ，消費者認知度の高さが大きく影響することは注目に値するだろう。身内（社内）だけで認知度が高いという状態では，市場志向他を高めるドライバーにはなり得ないと解釈される。考えてみれば，社内で認知度が高いという状況は，社内の特定の技術に関してはしばしばみられることである。高い技術力を保有していることが従業員に情報共有されることはよくあることだが，だからといって部門間のコミュニケーションが促進されたり，さらには市場志向が高まったりするというものではない。

　一方，コミュニケーション促進には，取引先の認知度が高い相関を示した。製品開発に関わるコミュニケーションには，製品開発に直接関連してくる取引先での認知度がより高い促進効果を生むということである。こういった傾向は，製品開発への参加状況についてもいえるようだ。

　図表6−13は対象別認知度と製品開発への参加の状況の関係を示すものである。参加状況を被説明変数として，各認知度を独立変数として重回帰分析を

行った結果である。この結果によれば，会議への多様な部門の参加では，先のコミュニケーション促進と同様，取引先の認知度が大きく寄与する。やはり，直接の利害関係者である取引先に高く認知されていることが，組織メンバーの会議への参加を促すものと解釈されるだろう。

また，マーケティング部門の製品開発への参加（初期段階からの参加，初期段階からの広告プランの検討）に関しては，消費者の認知度が強く影響する。成分ブランドが消費者に認知されているほど，その成分ブランドを利用した製品は，開発の早い段階から製品コンセプトが明確になっていることを意味する。そのような状況では，当然広告プランも早くから検討できるだろうし，また，マーケティング部門の開発への参加も早まることが想定される。

図表6-12　対象別認知度と成果変数の関係

	市場志向	価値観の共有	コミュニケーション促進
社内認知度			
取引先認知度			0.368**
消費者認知度	0.332***	0.287**	

注：数値は標準偏回帰係数。有意水準：***<.01，**<.05。なお，空欄は統計的に有意でない関係である。

図表6-13　対象別認知度と組織成員の参加の関係

	製品開発の早い段階から広告，マーケティング部門の参加があった	製品開発の初期段階において広告プランの検討があった	製品開発の会議への多様な部門の参加があった
社内認知度			
取引先認知度	0.284*		0.259*
消費者認知度	0.313***	0.391***	

注：数値は標準偏回帰係数。有意水準：***<.01，*<.1。なお，空欄は統計的に有意でない関係である。

3.2 コミュニケーション上の示唆

　最後に，成分ブランドに関するどのようなイメージが，成分ブランドの成果変数に影響するかという点について分析を行った。成分ブランドに対するイメージ項目は，①市場で強いインパクトがあった，②市場で好ましいイメージだった，③市場でユニークなイメージだった，④市場で革新的なイメージがあった，⑤市場でさまざまなイメージがあった，の5項目である。

　特徴的な結果としては，まず，市場志向に強い正の影響を与えたのは，(成分ブランドの)市場でのユニークなイメージである。標準偏回帰係数が0.354（有意水準1％未満）と，比較的高い回帰係数となっている。つまり，成分ブランドに付与されるイメージが，「ユニーク」であれば，製品開発における市場志向の度合いが高まると言える。一方，他の効果に関しては，価値観の共有についてのみ，特徴的な結果が得られた。具体的には，「市場における強いインパクト」のある成分ブランドでは，製品開発プロセスにおける価値観の共有が進むという関係が認められた。標準偏回帰係数0.533（有意水準1％未満）となっており，高い回帰係数となっている。

　以上のことから，コミュニケーション上のいくつかの示唆が得られる。まず，成分ブランドの強さを認知度の高さでみると，誰に対する認知度が市場志向をはじめとする成果変数に影響を及ぼすのかという点である。この点に関しては，製品開発プロセスにおけるコミュニケーションの促進では，取引先の認知度が強く影響する一方，市場志向や価値観の共有に関しては，消費者に広く認知されていることが重要であるという結果が得られた。また，製品開発プロセスへの組織メンバーの参加に関しては，会議への多様な部門の参加では取引先での認知度を高めることが，また，マーケティング部門の製品開発の早期段階からの参加を促すことには消費者認知度が最も大きく影響する。いずれの結果も，社内の認知度の高さではなく，社外へ向けてのコミュニケーションが欠かせないことがわかる。

　今回はメディア選択との関連では，明確な傾向が認められなかったが，成分ブランドの戦略展開が歴史のあるものではなく，模索の最中であるという実態

を考慮すれば理解できることである。この点に関しては，今後の研究蓄積が望まれるところである。

4 成分ブランドがもたらす製品開発効果

　本章では，成分ブランドの製品開発プロセスへの影響に関わる仮説に沿って質問票調査による検証を行った。第一に，仮説1「成分ブランドによる組織内コミュニケーションを促進する効果」については，ほとんどの変数において有意な結果が得られており，仮説はおおむね支持された。具体的には，電子機器を用いたコミュニケーションでは有意な結果が得られなかったものの，その他のコミュニケーション（文書，口頭，全般的コミュニケーション）においては，認知度の高い成分ブランドが採用された製品開発プロセスが，他の開発プロセスよりも，より頻繁にコミュニケーションが行われていたことがわかった。

　電子機器を用いたコミュニケーションにおいて有意な結果が得られなかったことに関しては，一部電子機器が十分に普及していなかった頃のサンプルが含まれていることに起因する可能性が指摘できる。今回の調査で収集されたサンプルには，製品開発時期がかなり以前のケースがある程度含まれていたこと（10年以上前と回答したサンプルが166サンプル中45サンプル）を考慮すると，その時期（1990年代）においては，そもそも電子機器の利用そのものが一般的ではなかったことも影響していると考えられる。

　次に，仮説2「成分ブランドによる市場志向の浸透効果」では，分析対象変数すべてにおいて有意な結果が得られ，仮説が支持される結果となった。具体的には，市場志向に関する10項目すべてにおいて成分ブランドによる効果が確認された。認知度の高い成分ブランドによる製品開発組織への効果が最も高く，この傾向はすべての変数において認められていた。この結果は，製品開発組織，とりわけ技術部門のメンバーに市場志向を浸透させる手段として，成分ブランドが一定の役割を果たしうることを示唆している。

　仮説3「成分ブランドによる組織内の価値観共有の促進効果」では，一部の

変数において統計的に有意差が認められなかったものの，ほとんどの変数で有意な結果が得られたため，おおむね仮説が支持される結果といえるだろう。一方，「他の人が製品開発メンバーに対してどう考えていたかについて，私は非常に興味があった」などの3変数においては，成分ブランドによる有意な効果が確認されなかった。この原因について，組織構成や外部環境といったいくつかの要因は推測できるものの，今回の調査データから原因を特定することは難しく，さらなる研究が必要だろう。しかしながら，その他の7変数においていずれも有意な結果が得られたことは，成分ブランドの効果を考える際に有用な示唆を与えてくれる。特に，「メンバーの価値観は似ていた」「メンバーに浸透していた価値観を私も共有していた」「メンバーには共有された目標があった」など価値観や目標に関わる項目において，いずれも認知度の高い成分ブランドを採用した製品開発が最も高いスコアを示していたことは重要である。その他の変数においても平均値の変動は類似しており，高認知度の成分ブランドによる肯定的な効果が存在することをうかがわせるものである。

最後に，仮説4「成分ブランドによる製品開発への参加促進効果」は，多様な部門からの積極的な参加に関する4変数すべてにおいて有意な結果が得られ，仮説は支持された。具体的には，高認知度成分ブランドを含む製品開発，低認知度成分ブランドを含むもの，成分ブランドは含まず技術のみによるものの順に，多様な部門からの参加に関する変数の平均値が高くなっていた。認知度が高い成分ブランドが製品開発プロセスに関わることで，開発組織を構成するメンバーの積極的な参加が促されることが示唆された。

また，その他の興味深い結果としては，技術部門が抱く営業部門などへの印象が好意的に改善されることや，製品コンセプトが早期に確定し浸透すること，メンバーが目標達成に向けて動機付けられることなど，高認知度の成分ブランドが関わることによる製品開発組織内部へのいくつかの効果が確認された。さらに，組織内部だけでなく，サプライヤーや流通業者からの支援を得たり，流通業者や最終消費者から受け入れやすくなるなど，組織外部に対しても一定の効果があることがわかった。このことは，製品開発において認知度の高い成分

ブランドを採用することが，企業にとって優れた成果をもたらす可能性があることを強く裏付けるものである。

さらに，成分ブランドの認知度に関する詳細な分析結果からは，組織内コミュニケーションには取引先認知度が強く影響する一方で，市場志向や価値観共有は消費者認知が重要であることがわかった。同時に，製品開発プロセスへの積極的な参加については，取引先認知度が会議への多様な部門の参加をもたらし，消費者認知度がマーケティング部門の早期参加を促すことが確認された。製品開発プロセスへの効果を高めるためには，成分ブランドの社内への認知度よりもむしろ，取引先や消費者などの社外認知度を高めることがより有効であることを示している。

◆注
1 ブランドとは製品やサービスを特徴付けるために付与される名前，ロゴ，マークなどを意味するので，厳密にいえば「成分ブランド不採用による製品開発」という表現は適切でないかもしれないが，本書では読者に対するわかりやすさを優先しこの表現を用いる。

第7章 BtoB購買におけるブランド研究

　前章までに市場情報が組み込まれた成分ブランドが，製品開発プロセスに及ぼす影響，つまり組織内部に向けての効果を論議してきた。一方，成分ブランドは，顧客接点を構成する重要な要素であることから顧客企業に向けての主要な効果があると考えている。本書の後半では，顧客企業の購買行動を理解しつつ，成分ブランドが顧客組織に対してどのように作用しうるのか，さらには，成分ブランドの介在によって顧客の情報探索にどのような変化がもたらされるのかについて議論を進める。

　本研究を意義のあるものとするためには，成分ブランドの影響を顧客企業の購買行動の中で理解することが重要である。企業の購買行動に関する研究の嚆矢は，製品類型論，さらにはそれに続く組織購買行動論に遡ることができる。まず，本章では先行研究をレビューすることによって顧客の購買行動を理解することから始めることとする。

1　組織購買行動に関する研究

　BtoB領域の購買行動については，Copeland（1924）の製品類型論によって議論が始まった。Copelandは，"Principles of Merchandising"において産業財を設備用機器，業務用消耗品，用度品，加工材料部品，原材料の5つに分類し，その分類に基づいて，製品特性，購買方法，販売促進方法を明らかにした。

　たとえば，設備関連機器は購買頻度が少なく，単位購入量が多く，高度技術が必要で，顧客に特定的な仕様による注文生産などによって特徴付けられる。それ故に，高度な技術知識をもつセールス・エンジニアの設置，ダイレクト・セリング，巡回セールスの派遣，敏速な補修体制などが必要となる。一方，用

度品は購買頻度が高いものの小口購買が多く,製品は標準品であり,また価格や配送を重視する顧客特性などによって特徴付けられる。そのため,販売企業は購買担当者への頻繁なセールス訪問,在庫維持による敏速な配送などが必要である。

その後のBtoBマーケティング研究は,産業財を消費財と対比させて,市場特性,製品特性,顧客特性における差異を比較することに重点を置いて展開されてきた。この一連の研究の特徴は,既存の消費財マーケティングの体系を産業財向けに修正しているという点である。このことは,当然の帰結として,インダストリアル(産業財)・マーケティングの構成内容は「産業財」という名前を除けばそのまま消費財マーケティングの一般体系としても通用するものであった(野中 1979)。

もちろん,この時期の製品類型論でブランドに対する言及があるわけではなく,基本的な考え方として,BtoBの取引においては客観的な評価によって購買が行われるという前提で議論されている。この前提が大きく変わったのが,1960年代以降の一連の組織購買行動に関する研究,つまり組織購買行動論からである。それまでのCopelandに始まる産業財と消費財の差を主として製品特性に置くアプローチとは異なり,その差を購買意思決定に関わる特質の差に求めている。組織購買行動論では産業財の購買者と消費財の購買者の基本的相違は,合理性や経済性にあるのではないという指摘がなされるようになったのである。そして,産業財の購買においても社会的,心理的要因の影響を強く受けるという前提のもと,消費者購買行動論を産業財購買行動の分析に援用した研究が多く行われた。

たとえば,コミュニケーション・アプローチが産業財購買者にも効果的であるとするLevitt(1965)の研究,消費者行動分析に有用な役割理論や知覚リスクの研究,Rogersの新製品普及過程のモデルを産業財購買者に適用したOzanne and Churchill(1971)の研究などである。

この延長でより包括的な整理を行ったのがMoriarty(1983)である。彼は,組織購買行動論を比較的広義に捉え,体系立てて分類している。それによると,

組織購買行動論は大きく4つのタイプ，すなわちタスク・オリエンテッド・モデル，ノンタスク・オリエンテッド・モデル，意思決定プロセスモデル，複合モデルに分類される。

タスク・オリエンテッド・モデルでは，経済学と行動科学を援用して理論展開される。まず，価格最小化モデルは，企業は常に価格が最小化されるような購買行動を採用するという前提のもとに，ミクロ経済学から直接的に導出されるモデルである。一方，合理的購買モデルはCopeland（1924）によって紹介された購買行動が合理的動機に基づいて行われるという前提に従って，消費財との差の説明を重視したモデルである。

ノンタスク・オリエンテッド・モデルでは組織心理学と行動科学からの概念を援用している。このモデルには，知覚リスク・モデルとイノベーション普及モデルの2つの流れがあり，前者では購買行動が知覚リスクを減らすよう動機づけられることを前提とし，購買企業の採用するリスク低減戦略が研究の焦点となる。このモデルは消費者行動研究の流れを汲んだものである。後者のイノベーション普及モデルは，Rogers and Shoemaker（1971）によるモデルであり，個別企業ではなく企業の集合として分析を行うところに特徴がある。

一方，意思決定プロセスモデルは，Ozanne and Churchill（1971）によって展開された産業財の採用プロセスモデルであり，購買ステージとマーケティング・コミュニケーションとの関わりを説明するモデルである。さらに，複合モデルとして，①バイグリッド・モデル（Robinson, Faris and Wind 1967），②Webster and Windモデル（Webster and Wind 1972），③Shethモデル（Sheth 1973）などがあげられる。これらのモデルは，包括モデルとも呼ばれ，その後の組織購買行動論の展開に大きな影響を及ぼしたという点で重要である。特に，購買センターという概念を提示したバイグリッド・モデル，70年代前半に従来から行われてきた断片的な研究を包括的モデルで捉えなおしたWebster and Wind（1972）およびSheth（1973）のモデルに初期の貢献を認めることができる。その後，組織購買行動研究は多かれ少なかれ，これらの包括的モデルの影響を受けてきた。以下においてはこれらのモデルを概観することから始める。

1.1 バイグリッド・モデル

　Robinson, Faris and Wind (1967) は，ユーザー，インフルエンサー，バイヤー，ゲートキーパー，意思決定者からなる購買センターという概念を提示するとともに，8つの意思決定ステージを提示した。すなわち，①問題の発見ないし認識，②必要なアイテムの特徴と量の規定，③必要なアイテムの特徴と量の記述，④可能な調達先の探索とクオリフィケーション，⑤提案書の取得と分析，⑥提案書の評価とサプライヤーの選択，⑦発注手順の選択，⑧パフォーマンス・フィードバックと評価である。さらに，その後の組織購買行動研究に大きな影響を与えた「バイグリッド」を提示した。バイグリッドとは，購買タスクが初めての購買，若干の修正を伴う購買，修正を伴わない購買であるかという軸（バイクラス）と，購買行動状況に関わる軸（問題の新規性，必要情報量，新規代替製品の検討）に沿った分析枠組である（図表7－1参照）。

　初めての購買では，問題の新規性は高く，必要情報量は多く，新規代替製品の検討は十分に行われることが指摘される。修正を伴わない購買は，以前に購入したことのある製品を同じ売り手から購買するもので，多くは原材料や規格部品の補充購買がこれに当てはまる。また，若干の修正を伴う購買は，過去に

図表7－1　Robinson, Faris and Wind（1967）のバイグリッド・モデル

		問題の新規性	必要情報量	代替商品の検討
バイクラス	初めての購買	高	強	重要
	若干の修正を伴った再購買	中	中	中
	修正を伴わない再購買	低	弱	なし

出所：Robinson, Faris, and Wind（1967），p.25。

購入した設備機器の使用経験に基づいて，供給者や条件の変更，不満足箇所の解消，希望する機能の追加などを考慮していくつかの代替案を検討し購買する場合が当てはまる。

　Robinsonらのバイグリッド・モデルでは，購買という問題解決行動が産業財の購買でも消費財の購買行動と同様に議論することができることを示した。すなわち，産業財の購買行動においても意思決定段階における情報処理は，購買状況によって異なるのである。たとえば，Simonは意思決定問題を計画的決定と非計画的決定に分類し，前者は慣習的反復的決定であり，後者は拡大問題解決，限定問題解決，偶発的衝動的購入によって構成されることを明らかにしている（Simon 1960）。

　消費者の購買行動として指摘されることは，多くの場合産業財の購買においても当てはまる。しかし，産業財の購買行動を消費財の購買行動とまったく同一に論じることができるわけではない。それは，通常は種々の複雑な影響要因が存在するのであり，従来から指摘されてきた合理的な側面に限定されず，非経済的な非タスク要因も考慮されなければならない。このことを強調して，組織購買行動を規定する要因を包括的に捉えようとしたのが，Webster=Windモデルである。

1.2　Webster = Windモデル

　Webster and Wind（1972）は，環境，購買センター，組織，個人特性が意思決定プロセスに影響を与えるとし，タスクのみならずノンタスク的評価が購買意思決定において介在することを主張した。彼らは，タスク変数とノンタスク変数に対する個人的，社会的，組織的，環境的要因の複雑な相互作用を認識する包括的モデルを開発した。

　組織購買行動は，（単純な即時的な行動ではなく）複雑なプロセスであり，多数の人，多次元的な目標，潜在的にコンフリクトを有する決定基準を含んでいる。組織行動購買はしばしば，長期間にわたって行われ，多くの出所からの

情報を必要とする。

　組織購買プロセスは，問題解決の一形態であり，購買状況は組織の誰かがある購買行動を通じて解決されうる問題（望ましい結果と現在の状況の間の相違）を認識するときにスタートする。組織購買行動は，購買状況を定義し，代替選択的なブランドとサプライヤーの間の区別を行い，評価を行い，そして選択を行うという多様な活動から構成される。そして，この活動を遂行するのが購買センターである。

　購買センターの構成員は，ユーザー，インフルエンサー，決定者，購買担当者，ゲートキーパー（購買センターへの情報の流れを制御する人）といった役割を有し，個人と組織の目標の複雑な相互作用によって動機づけられる。購買プロセスにおいては，タスク，構造（コミュニケーション，権限，地位，報酬，業務フロー），技術そして人間というサブシステムが購買センターに影響を及ぼすことになる。本モデルの概要とこれらの変数間の関係は，図表7－2に示されるとおりである。

1.3　Shethモデル

　一方，Sheth（1973）の研究は，情報探索，期待形成，意思決定に際してのコンフリクトといった変数を新たにモデルに組み込んだところに特徴がある（図表7－3参照）。購買担当者，エンジニア，ユーザーなどの購買センターの構成員の期待は，情報源によって相違し，あるいは同じ事実であっても知覚の仕方が異なり（歪曲知覚），さらには専門教育，役割志向，ライフスタイルなどの個人のバックグラウンド，過去の購買に関わる満足によっても異なってくる。

　たとえば，エンジニアは納期，品質などへの期待が大きいが，購買担当者は価格への期待が大きく，両者の期待は異なっている。一方，産業財購買過程は，個人意思決定と共同意思決定に分けられ，その規定因として製品特性と組織特性があげられている。共同意思決定が行われる場合には，コンフリクトの解消

図表7−2　Webster and Wind（1972）の組織購買行動モデル

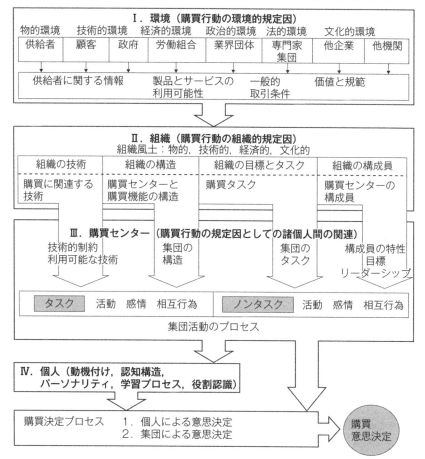

出所：Webster and Wind（1972），p.15。

を経て取引先あるいは銘柄の選択が行われることとなる。このように，Shethのモデルは相当に包括的なモデルとなっている。Webster and Wind（1972）では，どちらかといえば，平面的に購買行動が捉えられたのに対して，Shethは購買行動を説明する上で重要な鍵となる概念を明確にし，ミクロなパースペクティブをもつモデルとなっている。このShethのモデルに基づいて，産業財

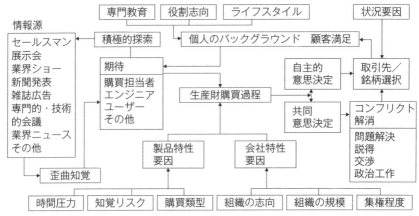

図表7-3 Sheth（1973）の購買行動モデル

出所：Sheth（1973），p.51。

　購買に伴う情報探索問題，購買意思決定への参加者，購買意思決定への特定のメンバーの影響あるいは意思決定のスタイルなどについての経験的テストが進められることになる。

　消費者行動論では消費者個人の意思決定が扱われるが，それに対して組織購買行動論では購買行動の多次元性が強調され，個人，集団，組織，環境の関数として購買行動が捉えられる。また，組織購買行動論では組織の購買行動を問題解決行動と捉え，認知能力に限界のある組織メンバーの意思決定過程を多くの関連変数の相互作用として記述している。70年代以降，このWebsterらやShethの包括的概念モデルをきっかけとして，産業財購買に伴う情報探索問題，購買意思決定への参加者，購買意思決定への特定のメンバーの影響あるいは意思決定のスタイルなどについて関心が向けられることになる。

2 BtoB取引における情報探索

購買センターの構造やそのメンバーの関係に関する研究は，1960年代に消費者行動論の中心的パースペクティブであった刺激反応アプローチの影響を強く受けるものである。刺激反応アプローチは，消費者ないしは購買者を受動的な存在として捉え，マーケティング行動の主要な目的は，その受動的存在への刺激を行うこととされるという前提をもっている。すなわち，上述の購買センターの構造やそのメンバーの関係に関する研究では，刺激対象を明らかにし，効率的な刺激を与えることが必要であるとされる。

このような背景のもと，BtoB領域における情報探索に関する研究も，重視される情報源，情報探索の努力および情報の内容などを明らかにすることに注力されてきた。まず，特定の情報源の重要性に関する議論は，営業員からの情報の重要性（Jackson, Keith and Burdick 1987; Martilla 1971; Schiffman, Winter and Gaccione 1974），インパーソナル/商業情報の低い重要性（Parasuraman 1981），特定の購買決定ステージとの関係では，購買ステージの初期ではインパーソナルな情報が重要で，後のステージになるにつれてパーソナルな情報が重要になってくる（Martilla 1971; Schiffman, Winter and Gaccione 1974; Webster 1970）ことなどについて経験的テストが行われている。また，情報源の相対的重要性は，バイクラスによっては異ならない（Jackson, Keith and Burdick 1987）が，製品タイプによって相違が認められることが明らかにされている（Dempsey 1978）。

特定の情報源の重要性に関する議論から一歩進んで，より包括的な捉え方をしたのが，Moriarty and Spekman（1984）である。彼らは，各種情報の利用が，購買状況，組織特性，個人特性および意思決定の局面によってどのように説明されるかを明らかにした。彼らは，14の情報源をパーソナル/イン・パーソナル，商業/非商業，さらにパーソナル/非商業をユーザーとインフルエンサーの5つに分類し[1]，それぞれの重要性を被説明変数として，購買状況，組織特性，

個人特性および意思決定の局面を説明変数とした重回帰分析を行っている。

　情報探索努力との関係では，購買について知覚された重要性が購買企業の探索水準に影響を及ぼす（Corey 1978），購買環境にリスクが伴う場合には既存のサプライヤーに信頼を置く（Cardozo and Cagley 1971），あるいは購買リスクが高い場合には代替選択案が考慮されることが少なくソース・ロイヤルティが存在する（Puto, Putton and King 1985）ことなどが明らかにされている。その後，Anderson, Chu and Weitz（1987）が，従来部分的にしか経験的テストが行われなかったRobinsonらのモデルについて，包括的に経験的テストを行った。その結果，問題の新規性と必要情報量の間には相関が認められ，問題の新規性と必要情報量はバイクラス概念をうまく表していることが明らかにされた。同様に，Bunn（1993）は，購買タスクをカジュアル，プライオリティの低い日常業務，単純な修正購買，判断を要する新規購買，複雑な新規購買，戦略的新規購買に分類し，それらの購買タスクと情報の探索努力との間に一定の関係が存在することを明らかにしている。

　成分ブランドとの関連の中で情報探索を議論するとき，上述の先行研究によっていくつかの示唆が得られる。まず，成分ブランドを通してあらかじめ部品や素材に関わる製品知識が埋め込まれることによって，購買プロセスの中で相対的に重視される情報源に変化がもたらされることが想定される。上述のとおり，購買ステージの初期ではインパーソナルな情報が重要で，後のステージになるにつれてパーソナルな情報が重要になってくることが明らかにされているが，これは，購買プロセスが進んでいくにつれて，納期や価格などの当該取引に固有の情報が必要になるためである。こういった情報は成分ブランドによってカバーできるものではない。つまり，成分ブランドの介在によって相対的に重視される情報源にも変化が生ずることになるだろう。

　一方，バイクラスとの関連の中で成分ブランドの効果を議論することが有益であることが示唆される。必要情報量と購買の新規性との間には相関関係が確認されており，成分ブランドの介在によって必要情報量の削減が期待できるとするならば，その絶対値が高い水準にある新規性の高い購買状況で顕著に表れ

ることが想定される。つまり，バイクラスとの関連の中で成分ブランドの効果を議論することが有益だろう。

3　組織購買行動と企業イメージ

　BtoB購買とブランドとの関連では，組織購買行動研究の先駆的概念モデルの影響を受けて，客観的な意思決定だけでなく，主観的な要素や意思決定に関わる諸活動の節約に関する議論が行われるようになった。たとえば，Lehmann and O'Shaughnessy（1974）は，サプライヤーの企業イメージやレピュテーションなどの主観的評価が企業の購買に影響を及ぼすことを探索的に調査している。また，Abratt（1986）では，ハイテク市場における購買行動において，知覚された製品の信頼性が製品選択における重要属性の1つであることが明らかにされている。

　これらの1970年代から80年代の研究は，広告やコミュニケーションとの関係の中で議論されることが多い。たとえば，Wilson（1986）は，特定の情報源からの情報を好んで受容することの先行要因に言及している。彼は，潜在的バイヤーが当該サプライヤー企業を知っていることならびに購買企業の地理的位置が，そのサプライヤー企業の製品に対する関心や，その企業からのパーソナル／インパーソナルのコミュニケーションを進んで受け入れることに関係があることを明らかにした。また，高嶋・竹村・大津（1996）は，産業広告の営業活動に対するオープン・ザ・ドア効果に言及している。それによれば，ＴＶ・一般新聞・一般雑誌などの広告によって，営業担当者の質や能力が高く，情報を的確に提供するという好意的なイメージが形成され，営業担当者の購買担当者への接触可能性を高めることが指摘されている。

　こういった研究が少なからずみられるようになった一方，購買担当者個人の購買行動や態度に踏み込んだ研究が拡大したわけではない。つまり，集計単位を組織ではなく組織の個人に設定し，それぞれの役割や特定の情報への選好に焦点を与えながらも，ブランドはもちろん，購買担当者の感情や態度に注目す

る経験的研究は限定的だった。

　この状況が変化をみせ始めたのは80年代後半～90年代以降である。消費財領域のブランド研究の影響を受けて，BtoB領域でもブランドに注目する研究がみられるようになった。つまり，ブランドを直接的に対象とする研究が現れ始めることになる。

　たとえば，Sinclair and Seward（1988）ではBtoB企業のブランド戦略の重要性について議論している。彼らは，北米での調査に基づき，ブランドの重要性に変化がみられると指摘した。Shipley and Howard（1993）でも，企業規模によってブランド展開に差がみられるものの，ブランドから強力なベネフィットがもたらされることを実態調査に基づき報告している。さらに，Michell et al.（2001）では上述のSinclairらの研究を受けて，88年と97年の調査結果を比較しつつ，その後もブランドの重要性が増していることを明らかにした。

　これらの研究では，BtoB企業であっても，ブランドに関わる戦略やマネジメントが重要であることを企業活動の実態から示唆を得ている。BtoB領域においてブランドに直接フォーカスしたという点で，BtoBブランド研究への貢献を認めることができるだろう。しかし一方，それらがブランドの重要性を指摘する研究にとどまっている点において，具体的にマネジメントに活用できるものとはなっていない。

4　BtoB領域におけるブランド・エクイティ論

　90年代半ばになると，こういった活動実態に関する研究がより普遍的な研究へと進展する。その1つの大きな潮流が，ブランド・エクイティ論のBtoBセクターへの展開を試みる研究群である。Gordon et al.（1993）やYoon and Kijewski（1995）の研究が，この研究の嚆矢といえるだろう。Gordonらは，ブランド・エクイティ論の産業財分野への展開の可能性に言及し，ブランド名が知覚品質に影響を及ぼすことを明らかにするとともに，BtoB取引における企業ブランドやディストリビューターのイメージの影響などBtoBに固有の問題

について言及している。

ブランド認知については，いくつかの先行研究がみられる。Yoon and Kijewski (1995) は，BtoBセクターでもブランド認知がブランド選好に結びつくことについての経験的テストを行っている。彼らは図表7-4の概念モデルを提示し，それに従ってブランド認知と選好に関する仮説検証を試みた。この研究では，ブランド認知にフォーカスし，認知がブランド選好に対して閾値を有していること，また，認知度を高めていっても選好は飽和していくことなどを明らかにするなど，実践への有益な示唆を提供している。

図表7-4 Yoon and Kijewski(1995)のBtoBブランド選好モデル

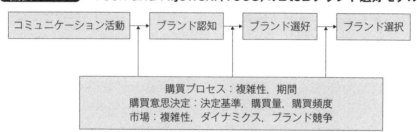

出所：Yoon and Kijewski (1995), p.10。

また，Hutton (1997) では，消費者行動論の枠組ではなく，組織購買行動論の研究成果を参考にしつつ，どのような条件下でよく知られたブランドが選ばれるか検証している。そこでは，好みのブランドにプレミアム価格を支払う，そのブランドを推奨する，あるブランドを他の商品への選好へと拡大するといった形で，ブランド・エクイティが存在することを明らかにした。

ブランドの効果は認知によるブランド選好効果に限定されない。たとえば，Bendixen, Bukasa and Abratt (2004) は，ブランド力の違いによって，買い手企業が支払う価格プレミアムの水準に相違があることを明らかにしている。そこでは，よく知られたブランドは知られていないブランドより14％の価格プレミアムが存在することを明らかにしている。

また，われわれも，購買における企業イメージの影響を質問票調査によって

検証している（余田・首藤 2006；余田 2006）。それによると，買い手企業は，売り手企業の企業イメージ，たとえば，「過去に満足度の高い取引実績がある」というイメージや「信頼できる」というイメージをもつと，面談の要請に応じやすく，また提案内容への期待も高まるという調査結果を得た。

　これらの研究は，AakerやKellerなどが提示する消費財のブランド研究の成果をBtoB領域に援用し，概念モデルを提示するところに特徴がある（Aaker 1991; Keller 1998）。一方，上述のようなブランド・エクイティの効果を議論する研究に加えて，その規定因に関する議論も活発に行われている。

　たとえば，Kim et al.（1998）ではマーケティング諸活動をブランド・エクイティの規定因とする概念モデルを提示している。また，Michell et al.（2001）では，概念モデルに沿って仮説を提示し，知覚品質，知覚されたイメージ，マーケット・リーダーシップなどがブランド・エクイティの水準に影響を及ぼすと結論づけている。

　一歩踏み込んで経験的テストを行ったのが，van Riel et al.（2005）である。van Rielらは，ブランド・エクイティを製品ブランドと企業ブランドに分けて，その規定因を明らかにした。上述のKimらの研究と異なるのは，van Rielらが，マーケティング・ミックス要素が満足度の向上を媒介して，ブランド・エクイティに影響を及ぼすとしている点である。つまり，満足という態度変化が，ブランド・エクイティを介してロイヤルティに結びつくという因果関係を想定している。これらの先行研究について指摘できることは，マーケティング成果モデルに，ブランド・エクイティをあえて加えることの意義を議論しなければならないだろう。この点に関しては，さらに検討が必要である。

　BtoB領域の研究は，一口に産業財といっても用度品から大型設備までさまざまな財が含まれることから，財による個別性が強く，その結果として個別の事例研究が多く蓄積されてきたという側面をもっている。一方，近年になって徐々にではあるが，より普遍的な研究も蓄積されてきた。これらの研究は図表7-5のようにまとめることができる。この概念モデルはすべてのパスが検証されているというわけではない。ブランド・エクイティの規定因やモデレータ

変数に関しての実証研究が行われているものの,環境要因に関しては今後の研究がのぞまれる(崔 2008)。

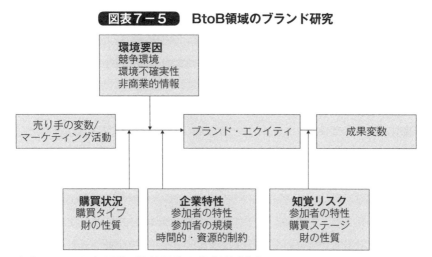

図表7-5　BtoB領域のブランド研究

出所:Kim et al.(1998);崔(2008)に基づき筆者作成。

5　BtoB領域におけるブランド研究からの示唆

　BtoB領域のブランド研究は,マーケティング研究において長らく蚊帳の外に置かれてきたのだが,近年,コトラーが*B 2 B Brand Management*(Kotler and Pfoertsch 2006),*Ingredient Branding*(Kotler and Pfoertsch 2010)と立て続けにBtoBブランドの書を上梓するなど,盛り上がりをみせつつある。

　また,Webster and Keller(2004)は,BtoBブランドの成功のためのガイドラインを整理して10項目に提言をまとめた。そこでは,組織購買プロセスの中でのブランドの役割を理解すること,購買への関与者に対して価値ある提案を発信すること,多様な媒体を活用し効果的なブランド・コミュニケーションを展開することなどが指摘されている。BtoBブランドに関する研究は,徐々に体系的なまとまりをみせつつあるといってよいだろう。

一方，前節までのBtoB領域におけるブランド研究の概観によれば，いくつかの課題を有している。まず，ブランドとその成果に関する議論をしながらも (Thompson, Knox and Mitchell 1998; Taylor, Celuch and Goodwin 2004; Anderson and Narus 2004)，BtoB購買の意思決定において，他の要素との関連の中でブランドが選択行動に及ぼす相対的影響についての議論が抜け落ちている点に課題がある。つまり，ブランド・エクイティの水準とその成果との関連において因果関係が特定できているとはいいがたい。

　BtoB購買のコンテクストでは，従来からQCD (Quality, Cost, Delivery) を中心にロイヤルティやリテンションとの関連が議論されてきた。その一方，BtoBブランド研究では，QCDとの相対的な関連の中で，ブランド・エクイティがどのような因果をもって成果と結びつきうるのかという点に研究課題が残されている。この点を明らかにするためには，QCDをはじめとする多様な属性の水準がブランド選択に及ぼす直接効果との関連の中で，ブランド態度が購買意図に及ぼす影響を組織購買行動の特質に沿って経験的テストが行われなければならないだろう。

　一方，本研究はBtoB取引における成分ブランドの効果に注目するものである。BtoB取引において成分ブランドの効果を特定しようとする場合，先述したようにブランド知識やイメージに注目することが必要であるが，その際組織購買行動論の研究成果が十分に反映されたものであることが欠かせない。

　組織購買行動論では，購買への関わり方に関し，誰が参加するかという問題や誰が購買意思決定に影響を与えるかという視点で研究が重ねられてきた (Bellizzi and McVey 1983; Jackson, Keith and Burdick 1984; Bellizzi 1981; Leigh and Rethans 1985; Bellizzi 1979; Erickson and Gross 1980; Bellizzi and Walter 1980; Naumann, Lincoln and McWilliams 1984)。組織購買行動論で主張される論点は，購買に関連するさまざまな状況の理解が，マーケティングの効果を高めるというものである。ブランドの効果を検討する際には，購買状況に関わる次元を特定することが欠かせない。

　この点に関してまず注目すべきは，ブランドの効果を誰に対して期待するの

かという点である。たとえば，Mudambi（2002）によれば，ベアリングの購買に関するクラスター分析の結果，ブランドを拠り所として購買の意思決定を行う（購買担当者の）クラスターが37%の割合で存在したという。一方，従来からの伝統的な製品志向の強いクラスターは49%を占めていた。ベアリングの購買においてブランドを受容するクラスターの特徴は，購買の重要性が高く，洗練されており，詳細な検討プロセスを経るという特徴を有していたという。また，Bendixen et al.（2004）でも，購買への関わり方によって，ブランドの影響は異なると報告されている。

この点においてさらに踏み込んだ研究を行ったのがAlexanderらである（Alexander et al. 2008）。それによれば，意思決定者とユーザーはブランドの影響を受けやすい一方，インフルエンサーでは，耐久性や価格に（相対的に）重きを置くという結果が得られている。この研究では，BtoB取引におけるブランドの価格プレミアム効果も検討されている。彼らは，産業用タイヤについてコンジョイント分析を行い，ブランドによる価格プレミアムでも，上記と同様の傾向が得られている[2]。

組織購買行動論で行われてきた，購買センターのメンバーのうち誰にブランドが影響を及ぼすかという議論は，きわめて個別性が高くなるという問題を含んでいる。誰にブランドが影響するかを議論するよりも，ブランドが購買に影響を及ぼす状況（担当者の特質）を特定する方が賢明だろう。

購買関与者によって，ブランドの影響度に相違がみられるのは，購買担当者の態度が，当該購買関与者の知識水準によって大きく影響を受けるからである（池尾 1999）。知識水準が低い場合，多くのBtoB購買では，購買活動の中で知識をつけ，適切な判断ができるように情報を収集するだろう。その際，ブランドが存在することによって，連想やイメージを介して購買に関わる情報処理の節約が可能になる。

こういった情報処理の節約は，BtoB購買の他の次元でも検討が必要である。先行研究では，購買について知覚された重要性が購買企業の探索水準に影響を及ぼす（Corey 1978）ことや，購買の重要性（Bunn 1993; McQuiston 1989）や動

機付けの強さ (Webster and Wind 1972) が, 意思決定の情報処理に影響を及ぼすことが指摘される。こういった要因が購買への関与を高めるとともに, 十分に時間をかけた検討をもたらすことになる。購買に対する関与水準によって情報探索努力の水準が異なり, その結果企業イメージなどのブランドの効果に違いが生ずると考えられる。

購買関与とは, 消費財のコンテクストで提示された概念で, 消費者の価値体系における当該購買の重要性を指す。購買関与度は, 「購買決定や選択に対して (消費者が) 感じる心配や関心の程度」(池尾 1999) である。重要なことは, 関与水準をBtoBの購買行動とどのように関連づければよいかという点である。

その際にまず, バイフェーズ (buyphase) と関与水準の関係に注目しなければならないだろう。たとえば, 組織購買行動論の先駆的研究であるRobinson, Faris and Wind (1967) の研究でも, 問題 (ニーズ) の認識〜納入後のフィードバックまで, 8つのバイフェーズからなる意思決定プロセスを提示している。

ブランドの影響を検討するにあたって購買プロセスのフェーズを整理する場合, 組織購買行動研究で行われてきたような詳細な分類は, 必ずしも必要ない。その代替変数の1つが関与水準である。たとえば, Ghingold and Wilson (1998) では, BtoBの購買ステージによって, 関与水準が大きく変化することを明らかにしている。

次に, Robinson, Faris and Wind (1967) のバイクラス (buyclass) に注目することが有益だろう。先述のとおり, バイクラスは, 初めての購買 (New Task), 若干の修正を伴った再購買 (Modified Rebuy), 修正を伴わない再購買 (Straight Rebuy) の3つのタイプに分類される。大きな傾向として, 新規購買の方が再購買よりも, 購買関与は高まることになる。新規購買では, 性能や品質に関する必要情報量は多く, 修正再購買ではこういった情報は必ずしも多く探索されない。けれども, 修正再購買ではコストや配送方法など他の情報は依然として必要である。

BtoB分野の購買では, 購買する財, 購買に関わるメンバー, バイフェーズそしてバイクラス (新規購買, 修正再購買, 単純再購買) によって情報探索は

異なる。購買関与度が情報探索量を左右するとともに，情報探索の様式，つまり買い手が情報探索にあたってどのような情報源の組み合わせを用いるかにも注目しなければならないだろう。

◆注
1 その他にも，Spekman（1988）では，パーソナル／インパーソナル，商業／非商業，内部／外部という分類を行っている。
2 ちなみに，本研究ではブリヂストン，ミシュラン，グッドイヤーのノーブランド品に対する価格プレミアムを調査しており興味深い。その結果は，ノーブランド品に対するブランド品（3社平均）の価格プレミアムはおよそ20％であった。そして，ブランドによる価格プレミアムは，ブリヂストン，ミシュラン，グッドイヤーの順に高くなっていた。

第8章 組織購買における成分ブランドの効果

　製品を構成する属性がブランド化することによって，特定の属性（その多くは素材や成分などの要素技術）に消費者ニーズや便益などの市場情報が組み込まれる。すなわち，技術情報と市場情報が接合された状態が成分ブランドを介してもたらされることになる。

　本章ではまず，シャープの展開してきたIGZO[1]の事例をとりあげ，より具体的に成分ブランドの理解を進めるとともに，先行研究との関連の中で分析枠組ならびに仮説導出を試みることとする。

1　BtoB購買と成分ブランド

1.1　成分ブランドのコミュニケーション事例

　IGZOは，シャープが世界で初めて量産化に成功した，In（インジウム），Ga（ガリウム），Zn（亜鉛），O（酸素）により構成される半導体である。成分ブランドとしてのIGZOのロゴは，雪の結晶のようなマークと，アルファベットで記載されたIGZOの文字で構成される（図表8－1参照）。

図表8－1　IGZOロゴ[2]

IGZOは東京工業大学の細野秀雄教授によって生み出された。同教授は，1993年に酸化物半導体の研究に取り組み始めた。当時，酸化物は「ガラスやセメントのような絶縁体で電気を通さない」とされていた。95年には，酸化物半導体の材料設計理論，翌年の96年には電気特性に優れたIGZOの研究成果を発表した。だが，学会では注目されず，評判は芳しくなかったという。

　しかし，2003年にIGZOを使って実現したTFF（薄膜トランジスタ）技術の研究成果が，米，「サイエンス」誌に掲載されたことをきっかけに，状況は一変する。キヤノンや韓国メーカーなどから共同研究の依頼を受けるようになった。2011年に科学技術振興機構（JST）が，細野教授の発明したIGZO技術の特許をサムスン電子にライセンス供与した。そして，翌年にはシャープにもライセンス供与することになる（日経ビジネス2013.11.11号）。

　IGZOには従来の素材であるアモルファスなどと比較して，薄膜トランジスタを小型化できるメリットがある。薄膜トランジスタには電気のスイッチ機能の他，液晶分子の並び方を保つために一定の電圧を蓄える機能が必要となる。従来のアモルファスでは蓄電機能をもたせるために，薄膜トランジスタをある程度の大きさにしなければならなかったが，IGZOには電気を蓄電しやすい性質があり，それによって小型化が可能となったという。シャープは，このIGZOを使った薄膜トランジスタの実用化に成功した。

　薄膜トランジスタが大きいと，バックライトからの光をさえぎってしまい，画面全体が暗くなるため，より明るく照射する必要があった。これに対して薄膜トランジスタを小型化できるIGZOの場合，バックライトの明るさを抑えられる。そのため消費電力が節約でき，タブレット端末などのバッテリー駆動時間を伸ばすことができる。また，薄膜トランジスタが小さいため，ピクセルを小さくでき，その結果，高精細の映像を表示することが可能となる（同社 ホームページより）[3]。

1.2 IGZOのコミュニケーション

　シャープはIGZOの広告を積極的に展開してきた。たとえば，2013年11月からテレビCM「docomo AQUOS PHONE　ZETA　SH-01F「走る男」編」と「AQUOS PHONE SERIE au SHL23「IGZOにします」編」の二編の広告を展開した。前者では，スポーツウエアを身にまとった男性が家を出るシーンから始まり，AQUOS PHONEとともに，充電を気にせず，3日間で目的地まで走っていく男性を描いている。CMの後半，「進化するIGZOの省電力，心置きなく，3日間」とナレーションが入り，その後にdocomo　AQUOS PHONE ZETAが現れ，最後は企業名シャープ（SHARP）で終了する。

　後者の「AQUOS　PHONE SERIE au SHL23「IGZOにします」編」では，若い俳優を出演者として起用し，CM冒頭，AQUOS PHONEを手に取り「電池長持ちでIGZOってすごいなって思ってたら」というセリフが入る。IGZOディスプレイと大容量バッテリーで電池長持ち設計であることや，フルセグと高感度カメラも搭載していることから，充実したスマホであることをPRしている。

　一方，シャープは，IGZOの新聞広告も積極的に展開している。たとえば，2012年12月に「IGZO搭載の7インチタブレット　debut編」と「明日へ，IGZO編」を出稿している。前者は，2012年12月11日に掲載された広告である。auのAQUOS PADとともに，IGZOの特徴である「省電力」「高画質」「タッチ感度」を「驚きの」という言葉で強調している。そして，「あなたの目と指先で確かめてください」と実際に店頭などでタブレットを触ってもらうように促している。また，広告の大部分をIGZOのPRに占め，タブレットの性能などの説明は「新しい「スマート」が見えてきた」と控えめなコピーになっている。その下には，小さな文字で，付属品，タブレット自体の重さ・大きさ・機能などが補足されている。

　一方，「明日へ，IGZO編」は2013年7月26日に掲載された新聞広告である。背景は，黄色一色で，中央に「明日へ，IGZO」というフレーズが表現されている。それに続き「新しいシンボルが，生まれました。スマートフォン，タブ

レットからあらゆる映像機器へ，SHARPは高い信頼性と量産性で，次の時代をつくります。結晶性酸化物半導体「IGZO」は実現します。省エネも，高精細も，明日が求める映像の，そのすべてを。」とIGZOが紹介されている（同社ホームページより）。この広告からは，IGZOは半導体の一種であり，それによって省エネや高精細な映像をスマートフォンやタブレットなどで実現できることが読み取れる。

　IGZOのコミュニケーション事例からいくつかのことを指摘することができる。まず第一に，以上のテレビCMや新聞広告では，一般消費者が理解できるように，製品に関する詳細な情報は含まない。つまり，IGZOのコミュニケーションは要約度の高い表現を通して，専門知識のない受け手であっても理解しやすい広告となっている。こういった情報を，一般生活者として，BtoB取引の購買関与者が受け取ることにより，彼ら/彼女らの購買プロセスに何らかの影響が生まれてくることになる。

　第二に，やはり何らかの対象者の認知度の高さやイメージとともにブランド価値が生まれるのであって，そうでなければ，成分ブランドは技術の名前やコードネーム，あるいは部品番号と何ら変わらないということである。シャープはIGZOというブランドの認知度やイメージによって，部品番号より一歩踏み込んだ価値を受け取ることができるのである。

　第三に，成分ブランドには，自社で開発されたものもあれば，他社で開発されたものを利用するというものもありうるだろう。理想としては，自社開発の成分ブランドを自社で製品に組み込み，そして消費者や顧客に販売するということだろうが，成分ブランドを議論する際には必ずしもそのような限定的なケースのみを想定する必要はない。IGZOも，他社（大学）で開発されたものを積極的にブランド化している。

　そして，企画，開発した成分ブランドを外販するかどうかという問題である。たとえば，第2章で紹介したゴアテックスのように積極的に外販（コラボレーション）する企業もあれば，反対に明治のLG21のように，どちらかといえば外販に消極的とみえる企業もある。本研究の問題意識と照らし合わせれば，成

第8章 組織購買における成分ブランドの効果 133

分ブランド化した部品や素材を外販する際に，顧客企業やエンドユーザーの購買行動や情報探索がどのように変化するかという点に関心があるということになる。

最後に，本研究との関連の中で最も重要なことは，組織の購買行動にかかわる担当者も一消費者として生活をおくっているという点である。その際，上で述べたような成分ブランドに関わる情報を受け取り，長期記憶に取り込んでいる。

上述したようなIGZOに関わる事前知識が組織の購買関与者に埋め込まれることによって，購買関与者の情報探索の性質やあるいは組織購買行動そのものへの変化がもたらされると考えられる。また，事前知識が存在するのであるから，購買プロセスにおいて必要な情報探索量は減ることになるだろう。

本章では，成分ブランドに関する先行研究をレビューすることによって，成分ブランドと組織購買行動およびコミュニケーションとの関連についての仮説導出の準備を行うものとする。

本研究の問題意識は，技術や素材・部品などの成分ブランドが組織購買行動の中で，どのような役割を果たすのか，さらには，成分ブランドが介在することによって参照する情報やメディアはどのように変化するのかという点にある。組織購買の担い手である購買関与者は，一般消費者でもある。つまり，企業人としてあるいは生活者として，事前に記憶された成分ブランドに関わる知識やイメージが，企業の購買行動の中でどのように作用するのかを明らかにすることが本研究の趣旨である。

本研究におけるフレームワークは次頁の図表8−2のとおり表すことができる。

図表8-2　本研究のフレームワーク

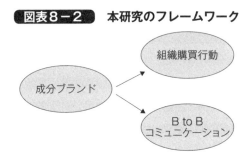

　先行研究でもみてきたとおり，成分ブランドに関する研究は，消費者への効果を中心に置いて検討されてきたのであるが，本研究では，顧客企業での組織購買における効果が研究対象となる。

　たとえば，Lynch and de Chernatony（2004）では，BtoBの購買行動において，経済合理性の他に，ブランドに対する知識や感情が加わって，意思決定が行われることを指摘している。経済合理性の要素には，価格，製品仕様，納入，品質，サプライヤーの信頼性，カスタマーサービスが含まれる。ブランド知識や感情の要素には，信頼，友情，社会的需要，威信などが含まれる。Lynchらは，組織内の購買者が合理的なブランド価値と情緒的なブランド価値の両方から影響を受け，そして売り手企業の企業ブランドが，買い手企業との情緒的な接触を形成するための機能的な力をもたらすことを指摘した。情緒的なブランド価値の形成とコミュニケーションが，価値創造を強化して差別的な有位性を獲得する手段となりうる。

　こういった指摘はあるものの，経験的研究はきわめて限られている。特に本研究の対象である成分ブランドに関しては，組織購買行動からの議論は皆無といってよいだろう。本研究では，成分ブランドが，BtoB購買に与える影響を経験的テストによって明らかにすることに目的がある。

2 成分ブランドからみた組織購買行動の次元

2.1 購買への関与者

　先述のとおり，成分ブランドの効果をBtoB領域で明らかにしようとする際に欠かせない視点は，組織購買行動の特質に沿って検証を行うことである。

　まず注目すべきは，購買への関与者の特質である。たとえば，Pingry（1974）は，エンジニアは新規購買では影響力をもつが，再購買では購買部門が優勢となる傾向があることをみいだした。また，Jackson, Keith and Burdick（1984）は購買センターのメンバー間の相対的影響力は，製品タイプや意思決定タイプによって異なることを明らかにした。エンジニアリング部門の影響力はMRO（material, repair, and operation）よりも原材料や部品で大きくなる一方，購買部門の影響力は主要資本財よりも原材料の購買で高くなる。また，購買部門の影響力は製品タイプの選択よりもサプライヤーの選択において高くなる，ことなどが明らかにされている。

　その他にも，購買の新規性，複雑性，重要性と担当者の影響力（McQuiston 1989），企業サイズと担当者の影響力（Bellizzi 1981），購買意思決定ステージとユーザーの影響力（Leigh and Rethans 1985），製品タイプおよび購買ステージと影響力（Bellizzi 1979），製品タイプ（Erickson and Gross 1980），意思決定プロセスのステージ（Bellizzi and Walter 1980），バイクラス（Naumann, Lincoln and McWilliams 1984）などが特定の部署やポジションの影響力との関連で検証されている。

　ブランドの効果に関しても，ブランドが個々の担当者の記憶に関わるものであることから，まず，誰に対する効果であるかに注目しなければならない。つまり，少なくとも購買において影響力を有す担当者を識別した上で，議論を進めていかなければならない。

　この点に関しては，前章でレビューしたとおりMudambi（2002）やAlexander et al.（2008）の研究を援用することができるだろう。Mudambi（2002）は，購

買担当者を，"Highly tangible"，"Brand receptive"，"Low-interest"の３つのクラスターに分類し，ブランドを重視するのが"Brand receptive"クラスターで，サンプルの37％を占めていることを明らかにした。このクラスターの特徴は，購買の重要性が高く，詳細な検討プロセスを経るとされる。一方，Alexander et al.（2008）は，ブランド，製品属性，サービスの重視度を調査した結果，ユーザーと意思決定者は，ブランドを一番に重視し，インフルエンサーは，製品属性の次にブランドを重視しているという結果を得ている[4]。

　これらの先行研究で明らかなように，購買センターのメンバーによって，成分ブランドの効果は大きく異なりそうなのだが，その理由は必ずしも明らかにされていない。組織購買行動論で主張される論点は，購買に関連するさまざまな状況の理解が，マーケティングの効果を高めるというものである。ブランドの効果を検討する際には，効果という視点から購買状況に関わる次元を特定することが欠かせない。

　消費者の購買行動の文脈では，ブランドの効果は，当該消費者の製品判断力によって異なる。製品判断力とは，消費者がいかなる情報であれば処理できるかに関わる概念である（池尾 1999）。

　消費者の購買行動における情報処理の違いを説明するPettyらの精緻化見込みモデルによれば，周辺的手がかりへの依存は情報を精緻化する動機付けと情報の精緻化能力に影響を受ける。すなわち，購買サイドの知識水準が高くなければ，スペックや品質など客観的なデータを十分に処理することができず，主観的な属性に影響を受けやすくなる（Petty and Cacioppo 1986）。

　製品判断力の高い消費者は，より要約度の低いナマに近い情報を自分自身で処理できるのに対し，製品判断力の低い消費者は，別の人によって要約された情報しか処理できない。製品判断力とは，言い換えればこうしたどの程度まで要約された情報ならば，消費者が自分のニーズと関連付けて処理できるかを表す概念である。それゆえ，製品判断力は，情報検索の様式，つまり消費者が情報検索にあたって，ブランドをどのように活用するかに影響を与える。

　BtoB購買の文脈ではどうだろうか。BtoBの購買に関わる人々は，そもそも

ある程度の判断力をもって仕事をしているだろう。つまり，一定の判断力をもつ人が，必ずしも十分な製品知識をもたずに購買に関わっているというのが，BtoB購買の実状である。したがって，購買者を判断力の軸で分けるより，製品に関する情報知識水準の視点でブランドの効果を議論する方が妥当だろう。

つまり，BtoBの購買では，判断力を一定程度有している購買担当者が，購買に必要な情報を探索しながら購買を行っていると考えられる。そのような状況では，成分ブランドの効果は，（判断力の水準による）周辺的な手がかりとしてのブランドへの依存という視点で検討するのではなく，ブランドが介在することによって情報の探索を節約したり，あるいはブランドが提供できない情報への探索が相対的に増したりするという視点での議論が必要である。

もちろん，このような情報探索がBtoB購買で常に行われる訳ではない。このことは，情報探索を必要としない場合には，成分ブランドの効果が相対的に低くなることを意味する。とするならば，購買行動において積極的な情報探索が行われる場面を特定することが欠かせないだろう。

2.2 BtoBの購買プロセスと成分ブランド

ブランドは，連想やイメージによって購買に関わる情報処理の節約を可能にする。成分ブランドの影響は，多量の情報探索を必要とするような場面で，より大きな効果が生ずることになると想定できる。

BtoBの購買プロセスでは，意思決定の際の情報探索に影響を及ぼす要因として，知覚された重要性（Corey 1978），購買の重要性（Bunn 1993; McQuiston 1989）や動機付けの強さ（Webster and Wind 1972）があげられる。特定の状況下で購買への関与が高まるとともに，十分に時間をかけた検討が行われることになる。つまり，購買に対する関与水準が高いほど，成分ブランドの存在による情報探索や購買プロセスへの効果が出やすくなるだろう。

本研究の問題意識との関連の中で重要なことは，こういった高関与な状況における意思決定が，BtoBの購買行動に関連してどのように生じうるのかとい

う点である。

　まず考慮に入れなければならないのは、購買の状況である。Robinsonらは産業財の購買状況の分析のために、3つのバイクラス（buyclass）と8つのバイフェーズ（buyphase）を結合したバイグリッド・モデル（buygrid framework）を提示した（Robinson, Faris and Wind 1967）。バイクラスは、初めての購買（New Task）、若干の修正を伴った再購買（Modified Rebuy）、修正を伴わない再購買（Straight Rebuy）の3つのタイプに分類される。

　このバイクラスは、Anderson, Chu and Weitz（1987）をはじめとして、包括的に経験的テストが行われてきたが、本研究との関連では、購買タスクに応じて製品情報への重要性（関与）がどのように変化するかに注目する必要がある。つまり、新規購買では、性能や品質に関する必要情報量は多く、修正再購買ではこういった情報は必ずしも多く探索されない。さらには、単純再購買になると、注文書や支払条件の確認や過去の条件との相違をチェックするにとどまることになる。

　一方、BtoBの購買ではさまざまなステージを経てサプライヤーや購入物が決定されることになる。前述のRobinsonらの研究でも、長期にわたって展開される細分化された購買ステージ（フェーズ）を提示している。この8つのフェーズの購買プロセスは、これに続くWebster and Wind（1972）やSheth（1973）のモデルに引き継がれている。以下においてはRobinsonらの提示した8つのバイフェーズを参考にしつつ、操作化を念頭に置いてより簡略化した購買プロセスの段階を設定し、その各段階で成分ブランドの効果がどのように存在しうるのかについて考察してみよう。

　購買プロセスは大きく分けて、案件化後の引き合いを出すフェーズと取引先を選択し発注をかけるフェーズの2つのフェーズからなる。この2つのフェーズは、①問題の認識・社内案件化、②ニーズの要件規定、③候補業者選定・提案の依頼、④提案受領・評価、条件交渉、供給業者の選定、⑤社内稟議、業者選定の5つのステージに分けることができる（図表8－3参照）。

　まず「①問題の認識、社内案件化」では、改善・解決すべきビジネス課題や、

図表8−3　購買プロセスの基本モデル

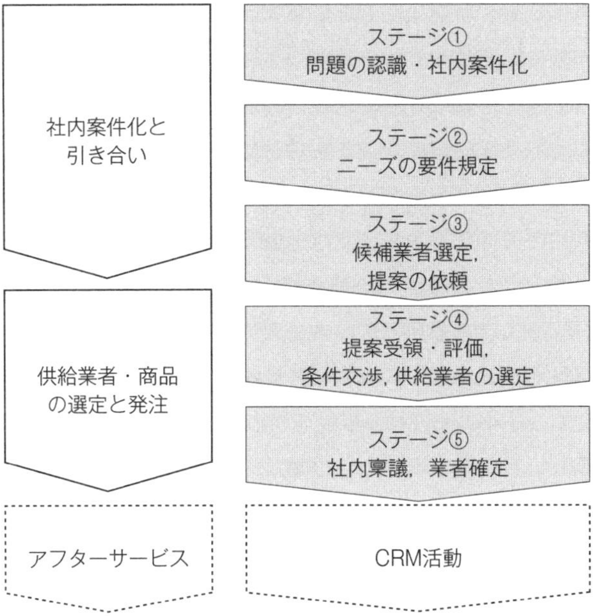

社内案件化と引き合い
- ステージ①　問題の認識・社内案件化
- ステージ②　ニーズの要件規定
- ステージ③　候補業者選定，提案の依頼

供給業者・商品の選定と発注
- ステージ④　提案受領・評価，条件交渉，供給業者の選定
- ステージ⑤　社内稟議，業者確定

アフターサービス　　CRM活動

　品質向上・業務プロセス改善を可能にする製品・サービスに関する情報を売り手が提供することで，買い手側企業内の"誰か"がその価値を認識して購買を発案する。そしてその重要度・優先度が社内で評価され，公式に案件化される。このステージでは，通常は営業活動とマス広告・記事情報による意識喚起が重要である。財や購買企業特性によって発案者は異なり，部門・職階を絞りこんで特定することすら困難なこともある。案件発案者がどんな範囲に存在し得るかを見込んで，どこまで広く一般を対象にした情報接点を設定するか検討しなければならないのだが，成分ブランドが事前に広く浸透していればそのような作業は節約できるだろう。また，この段階では購買センターの市場，製品，技術等に関する知識が不十分なことも多く，そのための情報提供が必要である。成分ブランドは，このステージにおいては事前に製品に関する知識が記憶されているため，相当程度の情報探索の節約が可能となるだろう。

次いで「②ニーズの要件規定」では課題や社内事情に応じて発注の要件が検討される。個別企業の状況に応じた要件規定を支援する活動が中心となるために，売り手としてはそれに資する情報を含んだツール類や支援体制の整備が必要となる。そして，「③候補業者選定，提案の依頼」という供給業者を選定するステージで，何社かに声をかけて要件を提示し，提案の要請を行う。買い手側企業は選択肢となる企業を絞りこむべく情報収集を行い，必要に応じて企業との接触を行うので，売り手側企業は印刷物・電子媒体等による会社概要や技術紹介・製品案内などを通じて，製品・サービス・技術の優位性を訴求する情報提供を行い対応する。そして買い手企業は，要件に対応しうる企業か否か見極めた上で提案依頼を実施し，「④提案受領・評価，条件交渉，供給業者の選定」へと移行する。システマティックな購買活動が行われている企業では多くの場合，組織としての選定基準を予め規定しており，それに沿って客観的な評価が下される。提案書だけでなくさまざまなコミュニケーション・ツール類を通して，その評価基準に沿った提案である旨を理解してもらうための情報提供が求められる。

　このステージでは，成分ブランドの存在が大きく影響することになる。なぜならば，成分ブランドは組織購買意思決定に必要な技術・市場情報を提供するものであるから，そういった情報が充足している場合，製品に関するより二次的な情報への探索欲求が高まるだろう。つまり，製品そのものに関する情報やあるいは品質などに関する一次的情報は，相当程度事前に長期記憶化されており，一部の探索にとどまるだろう。一方，そういった一次的情報ではなく，取引に関連して必要となるような，納期，取引条件，あるいは配送条件などの二次的な情報への探索の割合が相対的に重視されることになるだろう。

　最後が「⑤社内稟議，業者選定」，マネジメント層や購買部門による最終的な評価，承認がなされるステージである。ここでは営業活動による情報提供や交渉が重要になるが，関与者によっては営業活動ではカバーしきれないこともあり，そういった場合にはマス広告を活用することも有効である（高嶋・竹村・大津 1996）。このステージでは，成分ブランドによって処理が節約されるため，

購買期間が短縮することになる。先述のとおり，マネジメント層や管理部門など専門知識に欠ける関与者では，記憶しているブランド知識やイメージが購買において大きく影響することが想定されるため，成分ブランドの稟議プロセスの時間短縮効果が期待できることになる。

　こういった成分ブランドの効果は，バイクラスという次元に沿ってのみ出現するものではない。その底流にあるのは，購買への重要性（関与）である。たとえば，用度品やMROなどは，そもそも単純な購買プロセスを経ることが想定され，その結果，成分ブランドの「購買プロセス」への影響は相対的に低下するだろう。また，先述のとおりMudambi（2002）によれば，ベアリングの購買企業のクラスター分析の結果，ブランドを拠り所として購買の意思決定を行う（購買担当者の）クラスターでは，購買の重要性が高く，洗練されており，詳細な検討プロセスを経るという特徴を有していたという。つまり，購買が重要であり，検討プロセスが長くなればなるほど，成分ブランドによる影響は増すことになるだろう。

2.3　BtoB購買とコミュニケーション

　前章でレビューしたとおり，BtoB購買において探索対象となる情報源はメンバーごとに異なる。たとえば，ユーザーや購買部門などの管理部門では，セールスパーソンやセールス・エンジニア等による人的な情報を好む一方，トップマネジメントでは広告やパブリシティなどの非人的な情報を重視することが多い。ただし，ユーザーや管理部門で人的コミュニケーションだけが利用されるわけではない。つまり，購買のステージ（フェーズ）によって，利用される情報が相違し，全般的に人的コミュニケーションを好む担当者であっても，購買プロセス全般に目を向ければ，ステージごとに特定のメディアへの選好が存在することになる（Webster 1970; Martilla 1971; Schiffman, Winter and Gaccione 1974）。

　前章でレビューしたとおり，BtoBの購買ではセールスパーソンの提供する

人的（パーソナル）な情報が重視されるが，その重要性は購買ステージによって大きく異なる。BtoB購買において重視されるコミュニケーション・メディアを購買ステージに沿ってまとめたものが図表8-4である。

購買ステージの初期においては非人的（インパーソナル）な情報が利用されることが多く，ステージが進むにつれて徐々に人的な情報が好んで利用される傾向にある。つまり，人的な情報は，製品や供給業者の認知というステージ初期よりも，製品の理解や選択などステージ後期の方がより利用される傾向にある。一方，広告やパブリシティなどの非人的な情報はステージ後期よりも前期において利用度が高い。

このように購買行動の前期ステージにおいては，one-wayのコミュニケーションが好まれ，後期になるに従ってtwo-wayのコミュニケーションへとかわっていくのだが，そのことは，必要とする情報に依存するからである。つまり，後期になるに従い，当該取引に固有のやりとりが必要となり，配送や価格，アフターサービスなどへの探索欲求が高まる。そして，成分ブランドの存在は，前期のステージの情報探索の節約に結びつくため，成分ブランドが購買に関わ

図表8-4 BtoB領域におけるコミュニケーション・メディア

目的	認知	知識	態度	選好	説得	購買
パブリシティ	○					
Fax	○	○				
広告	○	○	○			
Eメール	○	○	○			
オンライン	○	○	○	○	○	○
DM		○	○			
カタログ			○	○	○	
見本市				○	○	
販売促進				○	○	○
テレマーケティング					○	○
対面営業					○	○

出所：Lichtenthal and Eliaz (2003), p.10を修正。

ることによって，早いステージからこういった取引特定的情報への探索欲求が高まることになるといえるだろう。

　たとえば，テレビやラジオなどの広告は，広告情報への接触者の獲得において，投資効率の良い媒体の1つである。情報伝達のスピードと，情報接触者の獲得カバー面積の広さに優位性がある。その一方，情報の双方向性は存在せず，BtoB取引では製品や品質情報をone-wayで伝達する用途に限定されることになる。BtoB購買では，テレビやラジオより業界新聞，さらにはファックスの方がより一般的だろう。新聞は情報精度に対する信頼と読者の主体的な情報接触態度によって，信頼性・説得性の高い広告訴求が可能となる。また，BtoB取引ではより多様な（コミュニケーションの）ニーズが存在しうるため，顧客へのリーチや，掲載のタイミングなどにも融通が利き，利用価値の高いメディアであるといえる。同様に，業界の雑誌や専門誌も，BtoB領域で日常的に活用される効率的なメディアといえるだろう。雑誌は各誌，各号のテーマが明確なため，その読者層が明確であり，ターゲットの絞り込みや，そこへの集中展開が可能である。また読者が目的をもって主体的に情報を取得しにくることから，比較的量の多い情報を提供できるのもメリットとなる。

　一方，実際にBtoB取引おいて，どのようなメディアで情報が発信され，さらには購買企業がどのようなメディアを選好するのか，という視点では近年少々変化がみられる。

　図表8－5（次頁）は，BtoB企業によってどのようなメディアが活用されているか，および，購買企業サイドが，どのようなメディアへの探索欲求が強いのかに関する実態調査の結果である。マーケティング企業サイドとしては，販売促進を目的としたEメール，展示会，DMへの依存が高くなっており，やはり消費財と異なりラジオやテレビへの依存は低い。一方，ビジネスパーソン（技術者）は，専門雑誌や専門情報サイトをはじめとする詳細かつ専門的な情報を提供してくれるメディアへの選好が高くなっている。

　本研究の問題意識において，こういったコミュニケーション・メディアに関する議論を進めようとする場合，成分ブランドがもつ情報との関連の中で，こ

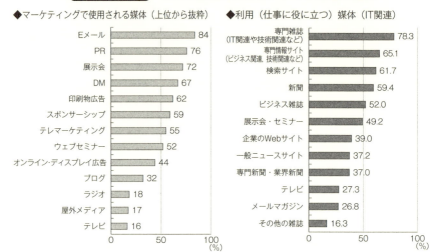

図表8－5 BtoB領域におけるメディア活用と選好

出所：（左）2007 Veronis Suhler Stevenson Communications Industry Forecast.
（右）日経BP「わかる21世紀型メディアプランニングの肝（IT編）」。

れらのメディアの特質を検討することが欠かせない。

　つまり，さまざまなメディアからの情報を参照しながら購買意思決定にいたるのであるが，どのタイミングでどのようなメディアが選好されるのかを特定するためには，取引に必要な情報をどのように入手するかについての議論が重要である。

　購買に際して探索される情報内容は，多数の先行研究で取り扱われている。取引対象となる製品に関する属性としては，価格，製品仕様，品質などがあげられる（Lynch and de Chernatony 2004）。より付帯的な属性も評価対象であり，メンテナンスや修理，技術サポート，デザインの相談などがこれに含まれる。また，製品の納入や配送条件なども含まれる（Mudambi, Doyle and Wong 1997）。製品の納入について，Helo（2004），Bendixen,Bukasa and Abratt（2004），Mudambi, Doyle and Wong（1997）らによれば，発注のしやすさ，納入時間，納入の信頼性，納入の正確さ，納入の柔軟性，緊急時の対応などがこ

れに含まれる。

　つまり、成分ブランドではカバーできない属性情報や取引に必要な情報をどのようなメディアを通じて入手できるかという点に注目しなければならない。たとえば、図表8－5で示すオンライン広告、ラジオやテレビ広告はその特質から、one-wayの情報提供であり、BtoB購買では、それだけでは成約には結びつかない。それは、当該取引に固有の取り決めや要件が存在するからである。こういった取り決めは、多くの場合対面営業を中心としたtwo-wayのコミュニケーションが必要となる。

　図表8－5で記載したコミュニケーション・メディアに沿って検討すると、対面営業が取引に特定的な情報のやりとりに適したメディアであるが、その他に、Eメールも双方向性を有しているといえるだろう。さらには、テレマーケティングや見本市でも営業が関与することが可能であり、一部双方向的な要素を有している。

図表8－6　成分ブランドと購買行動に関わる分析枠組

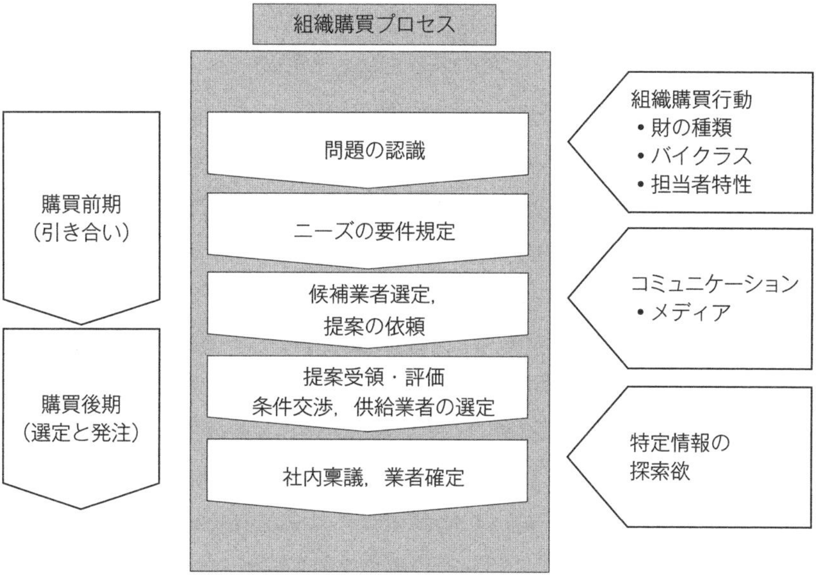

組織購買プロセス

- 問題の認識
- ニーズの要件規定
- 候補業者選定、提案の依頼
- 提案受領・評価　条件交渉、供給業者の選定
- 社内稟議、業者確定

購買前期（引き合い）
購買後期（選定と発注）

組織購買行動
・財の種類
・バイクラス
・担当者特性

コミュニケーション
・メディア

特定情報の探索欲

組織購買プロセス，情報探索，BtoBコミュニケーションと成分ブランドとの関連を議論してきた。以上の議論を踏まえて，本研究の分析枠組を提示すると，図表8－6のとおりとなる。組織購買プロセスとの関連の中で，バイクラス（新規購買～単純再購買），購買担当者の特質，財の特質に沿って成分ブランドの効果を明らかにするとともに，コミュニケーション・メディアならびに特定の情報への選好について，仮説命題を提示し検証することが本研究の目的である。

3　成分ブランドと購買行動に関する仮説

3.1　成分ブランドによるコミュニケーション効果

　これまで述べてきたように，成分ブランドは，さまざまな連想を包括的に含んだものである。これにより，以下の購買行動の変化と効果が期待できるだろう。第一は，購買に要する時間の節約である。成分ブランドの存在により，一部の情報があらかじめ成分ブランドに内包される形で記憶されているため，そのような情報を取得，評価し，意思決定に反映させる手間が省けると考えられる。結果として，購買意思決定プロセスの短縮化が進むことが期待できる。一般に，広告コミュニケーションは，時間の経過とともにその効果を減じてしまうことが知られている。したがって，購買意思決定が長期にわたる場合，そのような効果減少が顕著なものとなってしまうだろう。成分ブランドによって購買意思決定プロセス自体が短縮化すれば，それだけピンポイントのマーケティング・コミュニケーション策定が可能となり，資源をより効率的に配分できることになる。

　第二は，取引情報への注目効果である。成分ブランドは購買意思決定に必要な情報を補うため，特定の情報に対する購買意思決定者の依存を弱め，結果としてそれ以外の情報に対する重視度を上げることが予想される。このことは，企業が行うマーケティング・コミュニケーションの文脈においては，より効果的なコンテンツの選定や，特定メディアにおけるコミュニケーションの効率化

を促すものとして捉えることが可能だろう。組織購買意思決定に必要な情報については，取引対象となる財の機能や品質，スペックはもちろんのこと，納期や配送条件，あるいは納入後の品質保証やアフターサービスなどの取り決めなど，さまざまなものがある（たとえば，渋谷 2011；余田 2000）。成分ブランドによって補完されるのは，取引対象となる財の機能，品質，スペックに関連する情報である。一方，当該取引に固有の納期や配送条件などが補完されることはないだろう。よって，こういった個々の取引に特定的な情報への依存が相対的に高まることが想定される。

過度なコミュニケーションは時として購買意思決定者に情報過負荷を生み出し，自社製品の購買を阻害してしまうことも懸念される。したがって，成分ブランドに必要な情報を埋め込むことにより，限られたメディアスペースを有効活用し，よりインパクトのあるコミュニケーションを打つことも可能となる。

第三は，特定のメディアへの注目効果である。成分ブランドが介在することによって，上述のように取引される財に関する機能やスペック情報より，取引に特定的な情報を提供するメディアへの選好が（相対的に）高まると想定される。成分ブランドは組織購買意思決定に必要な技術・市場情報を提供するものである取引に特定的な情報を提供することが難しいからである。したがって，以下の仮説が導出される。

仮説1－1　時間節約に関する効果
　成分ブランドが関わる組織購買意思決定においては，関わらない場合に比べて，（追加的に必要とされる情報探索が節約されるため）意思決定プロセスが短縮化する。

仮説1－2　取引情報への注目効果
　成分ブランドが関わる組織購買意思決定においては，関わらない場合に比べて，取引情報の重視度が高まる。

仮説1−3　取引情報を提供するメディアへの注目効果
　成分ブランドが関わる組織購買意思決定においては，関わらない場合に比べて，取引情報に関連するメディアの重視度が高まる。

3.2　組織購買特性によるコミュニケーション効果

　次に注目するのが，購買の状況や購買に関わるメンバーの特性によって，注目される情報や選好されるメディアがどのように変わるのかという命題である。組織購買行動がもつ特質により，その影響が変化することが予想される。具体的には，本研究は次の2つを想定している。

　第一に，バイクラスによる影響である。これまでみてきたように，組織購買意思決定が繰り返し行われることによって，経時的にそのプロセスが変化することが指摘されている。具体的には，まったく新規の購買においては非常に精緻な意思決定プロセスがとられるのに対して，一部修正による再購買，同一製品の単純再購買と進んでいくに従って，より簡素化されたプロセスへと変容することになる。よって，成分ブランドによる上述の効果も，購買意思決定が繰り返されることによって変化することが想定される。

　つまり，購買に際しての成分ブランドの効果は，より慎重な検討が行われる新規購買において顕著に表れるだろう。一方，単純再購買では，そもそも時間をかけての念入りな検討や情報探索が行われず，成分ブランドの有無による効果への影響は小さいものとなることが想定される。

　第二は，担当者特性の影響である。これまでもみてきたように，同一納品物による購買意思決定であっても，関与者である担当者が変わると，そのプロセスも変化する。具体的には，当該納品物に対する担当者の知識水準によって，購買意思決定に必要とされる情報と，結果として参照されるメディアが変わってくることが考えられる。たとえば，納品物に対して非常に高い知識を有する担当者（以下，専門性が高い担当者）は，そうでない担当者と比べて，納品物

そのものに対する情報の需要は低いが，取引に特定的な情報は依然として重要である。反対に，納品物に対して高い知識を有していない担当者（以下，専門性の低い担当者）は，成分ブランドが介在することによって，納品物に対する情報が節約されるため，相対的に取引特定的情報への重要性が高まることになるだろう。つまり，取引特定的な情報への選好は，担当者の専門性が低い場合に顕著に表れることになることが想定される。

以上の議論より，以下の仮説を導出した。

仮説2−1　バイクラスの影響

成分ブランドによるコミュニケーション効果は，バイクラスによって影響を受ける。

仮説2−1−1　取引情報注目効果におけるバイクラスの影響

単純再購買より，修正再購買や新規購買において成分ブランドによる（情報補完効果が高まるため）取引情報への重視度が高まる。

仮説2−1−2　メディア注目効果におけるバイクラスの影響

単純再購買より，修正再購買や新規購買において成分ブランドによる取引情報に関連するメディアへの重視度が高まる。

仮説2−2　担当者特性の影響

成分ブランドによるコミュニケーション効果は，担当者の特性によって影響を受ける。

仮説2−2−1　取引情報注目効果における担当者特性の影響

担当者の専門性が低い場合に，成分ブランドによる（情報補完効果が高まるため）取引情報の重視度が高まる。

仮説2−2−2　メディア注目効果における担当者特性の影響

担当者の専門性が低い場合に，成分ブランドによる取引情報に関連するメディアの重視度が高まる。

本研究が掲げた以上の仮説について，次章では経験データの収集および分析を通じて検証を行う。

◆注
1　シャープは「IGZO」を商標登録したが，その後無効とされている（日本経済新聞2015年2月26日）。IGZOの事例については，同社ホームページを参考にした。
2　IGZOのロゴはシャープ株式会社の登録商標である。
3　http://www.sharp.co.jp/igzo/concept.html
4　Bendixen, Bukasa and Abratt（2004）でも，購買への関わり方によって，ブランドの影響は異なると報告されている。

第9章 成分ブランドとBtoBコミュニケーション

本章では，前章で導出した仮説命題を質問票調査に基づいて検証する。はじめに調査の概要について説明し，その上で仮説検証のプロセス，およびその結果についてまとめる。

1 質問票調査の概要と概念の操作化

調査はオンライン調査会社が保有するモニターに対して2014年12月に実施された。調査対象は全国の20歳以上の男女である。調査時点における人口統計に沿って，年齢と性別を割り付けて調査票をインターネット上で配布し，310サンプルを回収した。本研究が掲げる仮説の性質から，調査対象として以下の2つの要件を設定した。第一の要件は，メーカー（消費財・産業財いずれか）に調査時点において勤務していることである。第二の要件は，調査時点からさかのぼって3年以内に，勤務先メーカーの業務として，部品や素材（サービスは除く）をサプライヤーに対して発注する案件に関与していることである。

また，成分ブランドの効果について比較検討するために，そのような購買意思決定案件において，成分ブランドを伴っていた調査協力者，および伴っていなかった調査協力者を同程度数収集できるよう調査設計が行われた。

データの収集に際しては，以下の3段階によるスクリーニング調査を行った。スクリーニング調査の1つ目は，メーカーへの勤務に関するものであり，調査時点でメーカーに勤務していない対象者を除外した。2つ目は，業務におけるサプライヤーへの発注案件への関与の有無に関するものであり，関与したことがないと回答したサンプルを除外した。最後は，発注案件に成分ブランドが含まれていたかどうかを確認するものであり，成分ブランドが含まれていたかど

うかわからないと回答した対象者を除外した。

　以上のスクリーニング調査に基づいて抽出された調査協力者について，調査票がオンライン上で送付され，回収された。回収に際しては，極端に回答時間の短い／長いサンプルを排除することで，データの信頼性向上に努めた。

　収集された310サンプルは，男性は283（91.3％），女性は27（8.7％）で，年齢については，平均48.2歳（標準偏差8.91）であり，比較的高いものとなっていた。内訳は，20代が5（1.3％），30代が40（12.9％），40代が115（37.1％），50代が119（38.4％），60代以上が31（10％）であった。

　調査協力者の発注案件時の勤続年数については，20年以上としたサンプルが最も多く（100サンプル，32.3％），次いで10年以上20年未満（70サンプル，22.6％），5年以上10年未満（68サンプル，21.9％）となっており，サンプルの勤続年数は比較的長いものであった。発注案件当時の役職については，課長および係長・主任クラスがともに78名（25.2％）と最も多く，一般社員が77名（24.8％），部長クラスが40名（12.9％），経営者・役員クラスが36名（11.6％）であり，実際に意思決定を行う層が多くみられた。

　本調査は主に3つのパートから構成される。はじめのパートでは，調査協力者がそれまでに関与した発注案件の特性（発注案件のタイプ，最終製品のタイプ，発注時期，バイクラス，発注時の役割，発注案件の時間的長さ，発注案件の重要度）について測定した。

　購買意思決定にかかった時間については，納品物や最終製品のタイプによってばらつきが生じることが想定されたため，相対的な方法で測定した。具体的には，「その発注案件が完了するまでの時間的長さは，他の一般的な発注案件とくらべて長かったですか。最も近いものを1つお答えください」という質問に対して，「他のものより非常に短い」「他のものより短い」「他のものと同程度」「他のものより長い」「他のものより非常に長い」の5点尺度によって測定した。なお，実際にかかった期間についても補完的に測定している。

　バイクラスについては，Robinson, Faris and Wind（1967）およびAnderson, Chu and Weitz（1987）を参照し，「それまでまったく購買経験がなかった（新

規の購買であった）」「購買経験はあったが，スペックや品質などを一部変更の上発注した」「まったく同じ製品の再購買だった」の３つから１つを選択してもらった。担当者の専門性については，Mudambi（2002）およびAlexander et al.（2008）に基づいて，実際に発注案件に発注者，もしくはそれに準じる形で関与したサンプルを特定した上で，そのような調査協力者に「その納品物についてよく知っていた」という質問を行い，「１＝非常にあてはまる」から「６＝まったくあてはまらない」の６段階で回答してもらった。

次のパートでは，発注案件に必要な情報と情報が提供されるメディアについての重視度を測定した。発注案件に必要な情報については，既存研究を参照し（Lehmann and O'Shaughnessy 1982; Sympson et al. 2002），納品物の機能や性能，品質，納期や配送条件など図表９－１に示す６項目について，重視度を測定した。なお，引合時と発注時は別々に測定している。

参照するメディアについては，前章で概観した既存研究および実態調査を参照し（Spekman1988; Lichtenthal and Eliaz 2003; 日経BP「わかる21世紀型メディアプランニングの肝」など），BtoBの文脈で参照される14のメディアを取り上げ，発注案件（引合時と発注時を分けて測定）における重視度を答えてもらった。具体的には，発注案件について，引き合いを出す際（候補となる業者にコンタクトする際，以下引合時）と発注先を選定するする際（以下発注時）において，図表９－２に示す14のメディアをどの程度重視したか，それぞれ「１＝非常に重視した」から「６＝まったく重視しなかった」までの６段階で回答してもらった。

図表９－１　組織購買プロセスにおける情報

スペック情報	取引情報
納品物の機能や性能に関する情報	納品物の納期や配送条件に関する情報
納品物の品質に関する情報	納品物の価格や支払条件に関する情報
	納品物の付帯サービスに関する情報
	納品物のアフターサービスに関する情報

図表9-2 組織購買プロセスにおけるメディア

一般メディア	取引情報に適したメディア
雑誌や新聞などの記事	納入業者からのEメール
電話やファックスによる販促情報	納入業者の営業担当者との対面でのやりとり
テレビやラジオなどでの広告	
新聞や雑誌などでの広告	
インターネットでの広告	
納入業者から配信されるメールマガジン	
納入業者から郵送されるダイレクトメール	
カタログ	
見本市	
納入業者のホームページ	
インターネット上の比較サイトや口コミサイト	
セミナーや講演会	

2 仮説の検証

2.1 仮説1 成分ブランドの3つの効果の検証

　本研究が検証すべき仮説1は，成分ブランドの3つの効果「購買時間の節約効果」「取引情報注目効果」「取引情報提供メディア注目効果」について検討するものであった。以下が検証すべき仮説群である。

> **仮説1-1　購買時間の節約**
> 　成分ブランドが関わる組織購買意思決定においては，関わらない場合に比べて，意思決定プロセスが短縮化する。
>
> **仮説1-2　取引情報注目効果**
> 　成分ブランドが関わる組織購買意思決定においては，関わらない場合に比べて，取引情報の重視度が高まる。

仮説１－３　取引情報提供メディア注目効果

成分ブランドが関わる組織購買意思決定においては，関わらない場合に比べて，取引情報に関連するメディアの重視度が高まる。

2.1.1　仮説１－１　購買時間の節約効果の検証

仮説１－１を検証するために，取引対象である納品物および最終製品のタイプによってサンプルを分割した上で，発注案件に要した相対的時間を従属変数として，成分ブランド有無による検証を行った。分析に先立ち，全サンプルを対象として成分ブランドの有無による購買に要する時間の差を確認した。その結果は図表９－３に示すとおりである。平均値は，「非常に短い」を１～「非常に長い」を５とした５点尺度による平均である。成分ブランドがある場合の方が購買時間が短縮化される傾向が確認された。

図表９－３　購買に要する相対的時間

成分ブランド	全体		
	度数	平均値	標準偏差
あり	155	2.86	0.61
なし	155	2.94	0.54

次に，納品物ごとの分析を行った。これは，先行研究のレビューにおいて，財のタイプが購買行動に大きく影響するとの示唆が得られていたためである。素材（113サンプル），食品（11サンプル），部品（162サンプル），ソフトウェア（14サンプル），その他（10サンプル）のうち，分析のために十分なサンプル数が確保できた素材と部品について，それぞれ分析を進めることとした。

その結果，部品においては有意な結果が得られなかったものの，素材については図表９－４に示すとおり成分ブランドがある場合，購買に要する時間が短くなる傾向が確認された。また，平均値の差の検定（t検定）を行った結果

10％水準で有意差が確認された。

　さらに，納品物が組み込まれる最終製品のカテゴリーについても，同様にサンプルを分割して分析した。具体的には，最終製品の13カテゴリーから，食品や日用雑貨品，衣料品などの非耐久財（59サンプル）と，家電やパソコン，車や住宅などの耐久財（119サンプル）を抽出し，相対的時間を従属変数として平均値を比較した（図表9－4）。

　その結果，非耐久財のみ成分ブランドがある場合，購買に要する時間が短くなる傾向が確認された。平均値の差の検定（t検定）を行ったところ5％水準で有意な結果が確認された。以上より，仮説1－1は，素材および非耐久財においては支持されるという結果となった。つまり，素材および非耐久財では，成分ブランドによって購買企業における購買時間を短縮する効果があることが確認された。

　この結果については，以下のように解釈できるだろう。まず，納品物が部品の場合においては，発注案件を評価するためのスペックを含む情報が納品物それ自体に明示的に組み込まれている。そのため，成分ブランドが内包するスペック情報をはじめとしたさまざまな情報があったとしても，そのような情報による時間節約効果が生じにくいことが想定できる。一方，素材においては，部品と比べると性能や機能などを評価することに難しさを伴うため，それだけ成分ブランドによる効果が出現しやすかったのではないだろうか。

　また，最終製品が耐久財の場合においては，非耐久財と比べて，発注案件を評価するための情報が納品物それ自体に明示的に含まれている可能性が高いといえる。したがって，このような場合においては，先の議論と同様に，成分ブランドの効果が生じにくいことが考えられる。非耐久財において，特に衣料品などにおいては，最終製品において納品物がどのような機能を有するのか，客観的な評価が難しい可能性が高いものと想定できる。このような場合には，納品物が成分ブランド化されていれば，それだけ情報探索が効率的に進むと予想され，結果として成分ブランドの時間節約効果が表出しやすいと解釈できる。

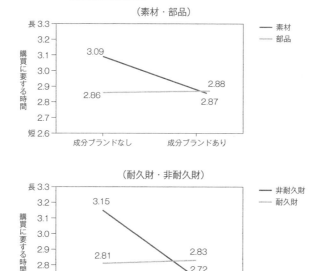

図表9－4　購買に要する時間

2.1.2　仮説1－2　取引情報への注目効果の検証

　仮説1－2は成分ブランドの有無と取引に特定的な情報の重視度との関係に関する仮説である。この仮説を検証するため，回収された310サンプルのうち，引合時および発注時において意思決定者として案件に関与したサンプルを対象に分析を行った。なお，今回収集されたサンプルのうち，条件を満たすサンプルは123（成分ブランドあり：71，なし：52）であった。図表9－1で示した取引に特定的な情報（4項目）の重視度を従属変数とし，成分ブランド有無による平均値を比較した。結果は図表9－5に示すとおりである。すべての変数において成分ブランドがあるときの方がないときよりも，それぞれの重視度が高まる傾向にあることが確認された。

　一方，平均値の差の検定（t検定）を行った結果，引合時においては，「納品物の価格や支払条件に関する情報」と「納品物の付帯サービスに関する情

報」の2つの変数において10％水準で有意な差が認められた。発注時においては，「納品物の付帯サービスに関する情報」および「納品物のアフターサービスに関する情報」において，10％水準で有意な差が得られた。

　仮説の検証結果としては，取引特定的情報である「納品物の納期や配送条件に関する情報」「納品物の価格や支払条件に関する情報」「納品物の付帯サービスに関する情報」「納品物のアフターサービスに関する情報」の4変数のうち，引合時，発注時においても，それぞれ2つの変数で仮説が支持される結果となった。

　一方，当該取引に固有の情報となる製品の「性能情報」や「品質情報」については，この購買短縮化の傾向は，認められないか，顕著には認められなかった。また，平均値の差の検定においても，成分ブランドの有無は重視度の平均値に有意な差はみられなかった。

　したがって，仮説1-2については部分的に支持という結果となった。なお，情報タイプ別の重視度（平均値）を章末に示す。

図表9-5　情報重視度

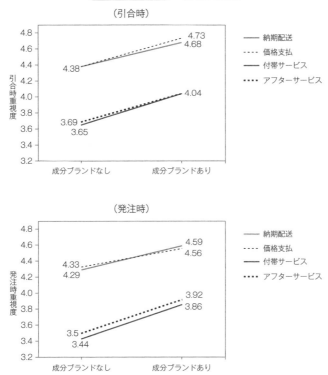

2.1.3　仮説1-3　取引情報提供メディアへの注目効果の検証

仮説1-3についても仮説1-2と同様に，実際の発注案件における引合時および発注時において意思決定者として関わった123サンプルを対象に分析を行った。先述の14メディアのうち，取引特定的情報との関連度が強い「納入業者からのEメール」「納入業者の営業担当者との対面でのやりとり」の2変数について，これらの重視度を従属変数にし，成分ブランドの有無について平均値を比較した。結果を図表9-6に示す。まず，「納入業者からのEメール」についての平均値は成分ブランドがある場合の方が（引合時2.92，発注時3.04），ない場合よりも（引合時2.02，発注時2.19）より重視するという結果だった。

また，平均値の差の検定（t検定）を行った結果，引合時においても発注時においても5％水準で有意差が確認された。

一方，「納入業者の営業担当者との対面でのやりとり」（グラフ中の営業担当者）については，引合時および発注時とも有意差は確認されず，成分ブランドの有無にかかわらず高い重視度であった。担当者との対面のやりとりについては，今回収集された14メディアの重視度の中でも突出して高く，組織購買意思決定における重要性があらためて確認されたが，成分ブランドの有無による影響が確認できなかったのはこのことが影響しているものと推測される。仮説1－3は部分的に支持という結果となった。

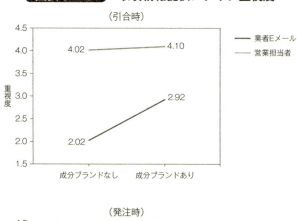

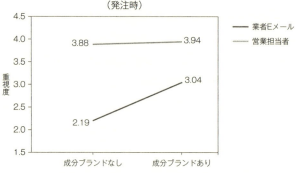

図表9－6　取引情報提供メディア重視度

引き続き，その他の12メディアについても追加的に同様の分析を行った。その結果，すべての変数において，引合時でも発注時でも5％水準で有意な差が確認された。いくつかの結果を抜粋して図表9－7に，平均値のデータを章末に示す。平均値はすべて上述の業者のEメールへの重視度と同じ傾向を示しており，「雑誌や新聞などの記事」「新聞や雑誌などでの広告」「インターネットでの広告」「納入業者から配信されるメールマガジン」など，いずれの変数においても，成分ブランドがあることによって高くなる傾向を示していた。

以上の結果については慎重に評価しなければならないだろう。仮説導出において想定した論理は，成分ブランドの存在によってとりわけ取引特定的なメディアを選好する傾向が強まるだろうと想定したのであるが，営業担当者（納

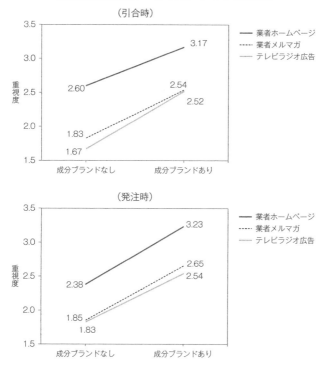

図表9－7　その他メディア重視度

入業者の営業担当者との対面でのやりとり）のみ他のメディアと異なる傾向を有していた。つまり，成分ブランドの有無は，メディアの選好に対して影響するのではなく，人的営業以外，すなわち非人的コミュニケーション・メディアへの重視度を高める，と解釈するのが妥当だろう。BtoB取引では，営業担当者の提供する情報は，成分ブランドの有無によらず重視される一方，その他の非人的なコミュニケーションは，成分ブランドの存在により重視度が高まる傾向にあるといえるだろう。

2.2 　仮説2　組織購買特性による影響の検証

　本研究が掲げた仮説の2つ目は，先の仮説1における成分ブランドの効果に対する組織購買特性による影響について検討するものであった。具体的には，「取引情報注目効果」「取引情報提供メディア注目効果」に対するバイクラスと担当者特性の影響について検討する。以下が検証すべき仮説群である。

仮説2－1　バイクラスにおける影響
　成分ブランドによるコミュニケーション効果は，バイクラスによって影響を受ける。

仮説2－1－1　取引情報注目効果におけるバイクラスの影響
　単純再購買より修正再購買や新規購買において，成分ブランドによる取引情報の重視度が高まる。

仮説2－1－2　メディア注目効果におけるバイクラスの影響
　単純再購買より修正再購買や新規購買において，成分ブランドによる取引情報に関連するメディアの重視度が高まる。

仮説2－2　担当者特性の影響

成分ブランドによるコミュニケーション効果は，担当者の特性によって影響を受ける。

仮説2－2－1　取引情報注目効果における担当者特性の影響

担当者の専門性が低い場合に，成分ブランドによる取引情報の重視度が高まる。

仮説2－2－2　メディア注目効果における担当者特性の影響

担当者の専門性が低い場合に，成分ブランドによる取引情報に関連するメディアの重視度が高まる。

2.2.1　仮説2－1　バイクラスの影響に関する仮説の検証

(1) 仮説2－1－1　取引情報注目効果とバイクラス

分析対象は，仮説1－2と同様，購買に意思決定者として関与した123サンプルである。なお，バイクラスについてはサンプル数による制約から，新規購買および修正再購買と単純再購買の2因子による分析を行っている。仮説を検証するために，取引に特定的な情報である「納品物の納期や配送条件に関する情報」「納品物の価格や支払条件に関する情報」「納品物の付帯サービスに関する情報」「納品物のアフターサービスに関する情報」に対する重視度を従属変数とし，成分ブランド（2水準：あり／なし）とバイクラス（2水準：新規購買および修正再購買／同一製品の単純再購買）を因子とする二元配置分散分析を行った。その結果，いくつかの変数において有意な交互効果が確認された。なお，検証は発注時においても同様に実施しているが，引合時と同様の結果だったため，ここでは引合時を中心に取り上げている。

個別にみていくこととしよう。まず，「納品物の納期や配送条件に関する情報」について，グラフ化したものを図表9－8に示す。平均値については，新規/修正再購買では，成分ブランドがない場合には納期や配送条件の重視度が

低い(平均値4.15)一方,成分ブランドがある場合には,相対的に高い重視度(同 4.72)となっていた。これに対し,単純再購買では成分ブランドの有無によらず納期や配送条件に関する情報が重視される傾向(成分ブランドなし4.83,成分ブランドあり4.58)がみられた。

単純再購買時は,スペック情報については既知となっており,これらの情報は相対的に重視されないことが想定される。その結果として,納期や配送条件などの取引特定的情報に対する重視度が相対的に高くなると考えられる。反対に,新規購買や修正再購買時は,スペック情報をはじめとするさまざまな情報が参照されるため,納期や配送条件などの重視度が相対的に引き下げられることになる。

一方,このような状況は,成分ブランドが機能やベネフィットをはじめとする製品情報を内包することによって相殺されると考えられる。すなわち,成分ブランドが情報提供をすることで,新規購買時や修正再購買時に参照される情報が削減され,結果として納期や配送条件などの情報の重視度が高くなるものと考えられる。

ちなみに,二元配置分散分析の結果は,モデルが5%水準で有意となり,有意な主効果は確認されなかったものの,成分ブランドとバイクラスの交互効果が5%水準で有意となった。交互効果の関係は,図表9-8に示すとおり,新規/修正再購買においては成分ブランドが存在することによって納期・配送情

図表9-8 バイクラスと納期・配送条件に関する情報の重視度(引合時)

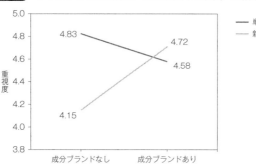

第9章　成分ブランドとBtoBコミュニケーション　165

報の重視度が高まっている。

　次に，引合時における「納品物の価格や支払条件に関する情報」について，グラフ化したものを図表9－9に示す。平均値については，新規/修正再購買では，成分ブランドがない場合には納期や配送条件の重視度が低い（平均値4.26）一方，成分ブランドがある場合には，相対的に高い重視度（同　4.89）となっていた。これに対し，単純再購買では成分ブランドの有無によらず納期や配送条件に関する情報が中程度に重視される傾向（成分ブランドなし4.61，成分ブランドあり4.42）がみられた。同一製品の単純再購買時は，成分ブランドがあってもなくても価格や支払条件に関する情報への重視度は中程度であるのに対して，新規および修正再購買時は，成分ブランドによって購買意思決定に必要なスペック情報などが補完されることになるため，そのような情報への重視度が相対的に高まっていると考えられる。二元配置分散分析の結果は，各主効果と交互効果によって構成されるモデルは10％水準で有意となり，有意な主効果は確認されなかったが，成分ブランドとバイクラスの交互効果が5％水準で有意となった。

図表9－9　バイクラスと価格・支払条件に関する情報の重視度（引合時）

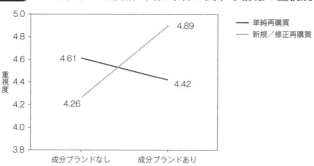

　引合時の「納品物の付帯サービスに関する情報」および「納品物のアフターサービスに関する情報」の重視度については，有意な交互効果は確認されなかった。詳細は割愛する。

以上より，仮説2－1－1は一部を除いて支持される結果となった。なお，スペック情報である「納品物の機能や性能に関する情報」「納品物の品質に関する情報」に対する重視度についても同様の分析を行った。図表9－10に示されるように，バイクラスにかかわらず成分ブランドの有無によって顕著な平均値の差は認められず，仮説で想定した論理と整合的な結果が得られた。

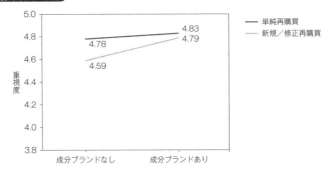

図表9－10　バイクラスと性能に関する情報の重視度（引合時）

(2) 仮説2－1－2　メディア注目効果とバイクラス

仮説2－1－2は特定のコミュニケーション・メディアへの選好に対するバイクラスの影響である。引合時，発注時における「納入業者からのEメール」「納入業者の営業担当者との対面でのやりとり」への重視度を従属変数とし，成分ブランド（2水準：あり／なし）とバイクラス（2水準：新規購買および修正再購買／同一製品の単純再購買）を因子とする二元配置分散分析を行った。

まず，「納入業者からのEメール」重視度については成分ブランドがあるほうが，また，新規／修正再購買であるほうが，より重視度が高くなるが，この傾向は単純再購買よりも新規購買／修正再購買において成分ブランドの効果が顕著に表れている。1％水準でモデルが有意となり，5％水準で有意な成分ブランドによる主効果，10％水準で有意なバイクラスによる主効果，10％水準で有意な交互効果が確認された（図表9－11）。

図表9-11　バイクラスとメディアに関する重視度（引合時）

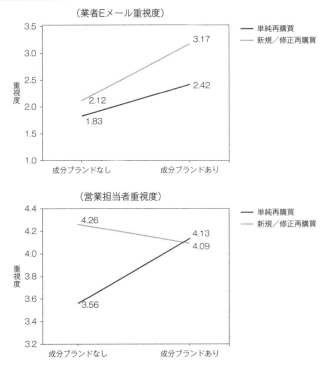

　一方，「納入業者の営業担当者との対面でのやりとり」の重視度については，仮説を支持する関係は認められなかった。仮説1での検証結果も，成分ブランドの有無による効果への差が認められていないため，符合する結果である。ただし，グラフからもわかるように，成分ブランドがない場合，単純再購買では営業担当者とのやりとりは必ずしも高い重視度ではないが，成分ブランドが介在する場合には重視度が高まる傾向がみられる。

　それに対して，新規購買/修正再購買では，成分ブランドの有無にかかわらず高い重視度である。BtoB取引では営業担当者とのやりとりが一般に重視される傾向が強いが，単純再購買では必ずしも高い重要性が継続するわけではない。しかし，成分ブランドが介在することにより，営業担当者からの情報に対

しても高い期待が存在していることがうかがえる。この点は仮説で想定した論理とは異なるものであるが、興味深い結果である。仮説2－1－2については一部に仮説を支持する傾向は認められたが、統計的には検証されなかった。

　追加的に、他のメディア重視度についても同様の分析を行った。その結果、12変数すべてにおいてモデルが1％または5％水準で有意となり、成分ブランドの有無においてもバイクラスにおいても、おおむねすべての変数において有意な主効果が確認された。平均値も取引に特定的な情報源となる「納入業者からのEメール」と同様の傾向、つまり、新規購買/修正再購買において、成分ブランドの効果が高く表れる結果であった。

　これは、成分ブランドの注目効果が、取引特定的情報に強いメディア以外にも及んでいるということを示唆している。特に、「電話やファックスによる販促情報」「見本市」「セミナーや講演会」の3メディアに対する重視度においては、成分ブランドおよびバイクラスの有意な主効果（いずれも5％水準）に加えて、10％水準で有意な交互効果も確認された（図表9－12）。いずれの変数においても平均値の変動は非常に類似しており、成分ブランドがない場合はバイクラスに関わらず一定して非常に低い重視度であったのに対し、成分ブランドによって新規／修正再購買時の重視度のみが引き上げられる効果が確認された。

　同一製品を単純に再購買する際には、既に必要な情報が獲得されているため、成分ブランドの有無にかかわらず「電話やファックスによる販促情報」「見本市」「セミナーや講演会」などのコミュニケーション・メディアにはあまり注意が向かない。一方、新規購買時や同一製品の修正再購買といった場合には、成分ブランドが納品物に付与されることによって、メディアへの注目が高まる可能性があることを示唆しており、興味深い結果である。

図表9−12 バイクラスと「見本市」「電話・ファックス」「セミナー・講演会」に対する重視度（発注時）

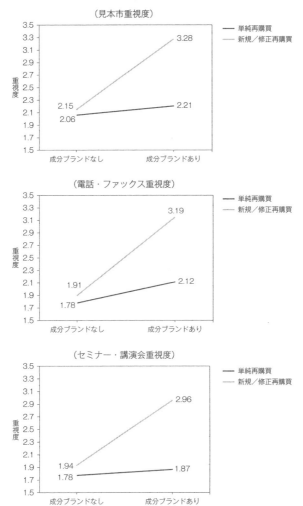

仮説2－1－2は部分的な支持となったが，追加の分析も含めて，いくつかの興味深い知見が得られた。第一に，組織購買意思決定においては，営業担当者によるコミュニケーションへの重視度が総じてきわめて高いことがわかった。第二に，その他のメディアへの重視度は，特に同一製品の単純再購買時に顕著に低くなることが確認された。しかしながら，第三に，成分ブランドの存在によって，そのようなメディアへの注目度が高まることが確認された。

これは，「納入業者の営業担当者との対面でのやりとり」を除くすべてのメディアについて一貫して確認された事項であり，成分ブランドのもつ注目効果が，取引特定的情報を提供するメディアだけでなく，より幅広いメディアにおいても存在することを示唆している。そして最後に，「電話やファックスによる販促情報」「見本市」「セミナーや講演会」といったメディアにおいては，新規／修正再購買時の成分ブランド注目効果が特に強く表れていた。このことは，成分ブランドの注目効果がメディア特性によって変わる可能性を示唆している。

2.2.2　仮説2－2　担当者特性の効果に関する仮説の検証

仮説2－2は，担当者特性が成分ブランド効果に与える影響を検討するものである。本研究は担当者特性のうち重要なものとして「納品物に対する担当者の専門性」に注目し，以降の仮説検証を行っている。なお分析対象は，仮説2－1と同様成分ブランドが介在した123のサンプルである。

(1)　仮説2－2－1　取引情報注目効果と担当者特性

仮説2－2－1は，提供される情報への選好における担当者特性の影響に関するものである。「納品物の納期や配送条件に関する情報」「納品物の価格や支払条件に関する情報」「納品物の付帯サービスに関する情報」「納品物のアフターサービスに関する情報」に対する重視度を従属変数とし，成分ブランド（2水準：あり／なし）と担当者の専門性（2水準：高／低）を因子として分析を行った。

まず，平均値についてみていこう。担当者の専門性が高い場合，成分ブラン

ドの有無によって「納品物の価格や支払条件に関する情報」の重視度に変化はないが，専門性が低い場合には，成分ブランドによって価格や支払条件に関する情報の重視度が高まっていた（図表9－13）。

このことは，成分ブランドが納品物の機能やベネフィットなどの情報を補完することによって，知識水準の低い担当者が購買意思決定に必要な納品物情報を取得できることを示唆している。その結果として，製品情報以外の，取引特定的な価格や支払条件についての情報を重視することになると考えられる。なお，価格や支払条件以外の他の情報についてもおおむね同様の傾向が確認された。

一方，二元配置分散分析の結果については，引合時の「納品物の価格や支払条件に関する情報」の重視度において1％でモデルが有意，1％水準で担当者専門性に対する主効果，そして10％水準で有意な交互効果が確認されたが，その他の変数においては有意な交互効果は確認されなかった。1群当たりのサンプル数が少なかったことも影響しているかもしれない。

仮説2－2－1は仮説を支持する傾向は認められたが，統計的には仮説は検証されなかった。

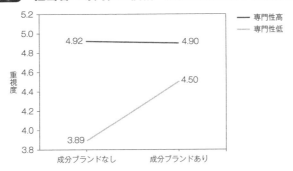

図表9－13　担当者の専門性と価格・支払情報に対する重視度（引合時）

(2) 仮説2－2－2　メディア注目効果と担当者特性

　仮説2－2－2はコミュニケーション・メディアへの選好に対する担当者特性の影響に関するものである。仮説を検証するために，引合時，発注時における「納入業者からのEメール」「納入業者の営業担当者との対面でのやりとり」への重視度を従属変数とし，成分ブランド（2水準：あり／なし）と担当者専門性（2水準：高／低）を因子とする二元配置分散分析を行った。

　その結果，「納入業者からのEメール」において，引合時，発注時いずれの場合においても有意な交互効果が確認された。具体的には，引合時，発注時いずれの場合においても，「納入業者からのEメール」への重視度についてモデルが1％水準で有意となり，1％水準で有意な成分ブランド主効果，および10％水準で有意な成分ブランドと担当者専門性の交互効果が確認された。

　平均値の変動は引合時も発注時も同様であり，成分ブランドがない場合は，担当者の専門性が高い場合「納入業者からのEメール」への重視度が低くなっていた。しかしながら，成分ブランドがある場合，専門性の水準に関わらず相対的に高い重視度を保っていた（図表9－14参照）。

　さらに，仮説の検証対象となっているメディア以外の12メディアの重視度についても，同様の分析を行った。いずれの変数においても統計的に有意な交互効果は確認されなかったものの，同様の傾向が認められた。つまり，担当者の専門性が高い場合，各メディアへの重視度が低くなる一方，成分ブランドがある場合，専門性の水準に関わらず相対的に高い重視度を保っていた。

　これは，担当者の専門性による影響が，成分ブランドによって打ち消される可能性を示唆するものと推測される。担当者が納品物に対して高い知識を有している場合，業者から送られてくるEメールやメルマガ，DMなどの重要性は低いものとなってしまうのに対し，これに成分ブランドが付与されることによって，そのようなメディアへの注目効果が期待できるようである。仮説では，取引情報を提供するメディアに対して，専門性が低い場合に成分ブランドの影響が大きく表れることを想定していたが，むしろ，このようなメディアに関心の低い専門性の高い担当者において，関心を喚起する効果を有していると考え

図表9-14 担当者特性と業者からのEメール重視度（引合時）

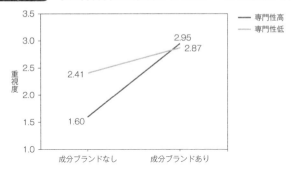

られる。

　一方，「納入業者の営業担当者との対面でのやりとり」については，購買担当者の専門性が低い場合に，成分ブランドによって営業担当者を重視する傾向が認められた。ただし，二元配置分散分析の結果，成分ブランドと情報重要度との交互効果は有意とはならなかった。営業担当者については他の仮説同様，きわめて高い重視度となっており，専門性による差異が生じにくいと思われる。したがって，仮説2-2-2は部分的に支持される結果となった。

2.3　分析結果のまとめと考察

　本研究では成分ブランドによるコミュニケーション効果と，それに影響を与えると考えられる組織購買特性について仮説を導出し，経験データの収集および分析を通じて検証を行った。具体的には，成分ブランドが組織購買意思決定において有する3つの効果，つまり「時間短縮効果」「取引情報への注目効果」「取引情報提供メディアへの注目効果」として仮説1でまとめた。その上で，これら3つの効果に影響を与える組織購買特性のうち，バイクラスと担当者特性について，それぞれ仮説2にまとめた。以下においては，仮説の検証結果および追加分析から得られた発見物について述べる。

　まず，「時間短縮効果」について扱った仮説1-1については，部分的に支

持される結果となった。具体的には，納品物が素材タイプ，および最終製品が非耐久財の場合において，成分ブランドによる時間短縮効果が確認された。

次に，「取引情報への注目効果」に関する仮説1-2については，部分的に支持される結果となった。具体的には，引合時は「納品物の価格や支払条件に関する情報」と「納品物の付帯サービスに関する情報」において，また，発注時は「納品物の付帯サービスに関する情報」および「納品物のアフターサービスに関する情報」において，成分ブランドが介在することによる取引情報への注目効果が確認された。

仮説1-3「取引情報提供メディアへの注目効果」は，分析結果から部分的に支持されることになった。分析では，取引情報を提供するメディアと考えられる「納入業者からのEメール」と「納入業者の営業担当者との対面でのやりとり」について統計的に検討を加えた。その結果，「納入業者の営業担当者との対面でのやりとり」は一貫してきわめて高い重視度であり，仮説は支持されなかったが，「納入業者からのEメール」において，引合時でも発注時でも仮説が支持される結果が得られた。つまり，成分ブランドがある場合の方が，より納入業者からのEメールを重視するという傾向が認められた。

この結果については追加的な検討を加えた。具体的には，仮説には含まれていなかったものの，本研究において幅広く取り上げた組織購買意思決定時に参照されるメディアについて，その多くで成分ブランドによる注目効果が確認された。すなわち，①全体的に「納入業者の営業担当者との対面でのやりとり」が重視され，その他のインパーソナルなメディアの重視度が低かったこと，しかしながら，②成分ブランドの存在によってそのようなメディアへの重視度が高まること，この2点のことが明らかになった。

さらに，バイクラスの影響について扱った仮説2-1では，2つのサブ仮説のうち1つにおいて部分的に支持された。具体的には，仮説2-1-1「成分ブランドによる取引情報注目効果は，バイクラスによって影響を受ける」は部分的に支持され，仮説2-1-2「成分ブランドによる取引情報提供メディア注目効果は，バイクラスによって影響を受ける」は支持されなかった。第一の

第9章 成分ブランドとBtoBコミュニケーション 175

サブ仮説では，引合時における「納品物の納期や配送条件に関する情報」「納品物の価格や支払条件に関する情報」において，成分ブランドとバイクラスの交互効果が確認された。つまり成分ブランドによる効果がバイクラスによって影響を受ける可能性が示唆され，特に新規／修正再購買時において成分ブランドの取引情報への注目が高まることが確認された。

また，担当者特性の影響について扱った仮説2-2においては，仮説を部分的に支持する結果が得られた。具体的には，仮説2-2-1「成分ブランドによる取引情報への注目効果は，担当者の専門性によって影響を受ける」は限定的ではあるものの支持され，仮説2-2-2「成分ブランドによる取引情報提供メディアへの注目効果は，担当者の専門性によって影響を受ける」は部分的に支持される結果となった。特に，第二のサブ仮説では，担当者の専門性が高い時に成分ブランドによるメディア（納入業者からのEメール）注目効果がより強く表れることが確認された。

総じて，成分ブランドが介在することによって，意思決定時に参照される情報やメディアに一定の影響があることが確認された。成分ブランドが機能やベネフィットに関する情報などを補完することによって，特定財において意思決定プロセスが円滑に進んだり，製品情報以外の取引特定的な情報に注意が向ったり，あるいは，特定のメディアに購買意思決定者の注意を引き付けたりすることは，BtoB取引の文脈でも有益なインプリケーションを提供してくれそうである。

1 情報タイプ別重視度

	成分ブランド	引合時			発注時		
		度数	平均値	標準偏差	度数	平均値	標準偏差
性能情報重視度	あり	71	4.80	1.01	71	4.86	0.95
	なし	52	4.65	1.01	52	4.71	1.09
品質情報重視度	あり	71	4.68	1.07	71	4.75	0.97
	なし	52	4.73	1.01	52	4.65	1.17
納期配送情報重視度	あり	71	4.68	1.01	71	4.59	1.10
	なし	52	4.38	1.05	52	4.29	1.27
価格支払情報重視度	あり	71	4.73	1.04	71	4.56	1.12
	なし	52	4.38	1.16	52	4.33	1.32
付帯サービス情報重視度	あり	71	4.04	1.33	71	3.86	1.35
	なし	52	3.65	1.15	52	3.44	1.35
アフターサービス情報重視度	あり	71	4.04	1.29	71	3.92	1.36
	なし	52	3.69	1.20	52	3.50	1.37

2　メディアタイプ別重視度

	成分ブランド	引合時			発注時		
		度数	平均値	標準偏差	度数	平均値	標準偏差
雑誌新聞記事重視度	あり	71	2.85	1.54	71	2.75	1.60
	なし	52	1.85	1.07	52	1.79	1.04
電話ファックス重視度	あり	71	2.55	1.41	71	2.83	1.55
	なし	52	1.75	1.01	52	1.87	1.14
テレビラジオ広告重視度	あり	71	2.52	1.33	71	2.54	1.46
	なし	52	1.67	0.92	52	1.83	1.13
新聞雑誌広告重視度	あり	71	2.66	1.55	71	2.56	1.44
	なし	52	1.73	0.99	52	1.71	1.00
ネット広告重視度	あり	71	2.77	1.51	71	2.76	1.57
	なし	52	1.90	1.09	52	1.77	0.98
業者Eメール重視度	あり	71	2.92	1.54	71	3.04	1.62
	なし	52	2.02	1.20	52	2.19	1.39
業者メルマガ重視度	あり	71	2.54	1.37	71	2.65	1.48
	なし	52	1.83	1.00	52	1.85	1.06
業者DM重視度	あり	71	2.66	1.44	71	2.70	1.57
	なし	52	1.83	0.99	52	1.81	1.09
カタログ重視度	あり	71	3.48	1.61	71	3.31	1.59
	なし	52	2.67	1.57	52	2.69	1.65
見本市重視度	あり	71	2.97	1.50	71	2.92	1.63
	なし	52	2.19	1.43	52	2.12	1.40
営業担当者重視度	あり	71	4.10	1.30	71	3.94	1.59
	なし	52	4.02	1.67	52	3.88	1.73
業者ホームページ重視度	あり	71	3.17	1.49	71	3.23	1.62
	なし	52	2.60	1.40	52	2.38	1.33
ネット口コミサイト重視度	あり	71	2.58	1.44	71	2.62	1.44
	なし	52	1.83	1.04	52	1.79	1.07
セミナー・講演会重視度	あり	71	2.66	1.42	71	2.59	1.49
	なし	52	1.87	1.07	52	1.88	1.11

第10章 技術の成分ブランド化に向けて

　本書では，ビジネスにおける成分ブランドの活用の可能性を探ってきた。とりわけ，従来から指摘されてきた最終消費者からのプル効果や価格プレミアムなど消費者向けのブランド効果ではなく，製品開発という組織内プロセスや顧客企業に向けての効果に焦点を当てて研究を進めた。本章では本研究によってもたらされた理論的，実務的意義についてまとめる。その上で，本研究が抱える限界と，今後の展望について整理する。

1　成分ブランドの2つの効果

1.1　理論的貢献

　本研究では，大きく2つのことを明らかにした。それは，成分ブランドの製品開発における効果と顧客企業の購買行動への影響に基づくコミュニケーション効果である。

　本研究での理論的貢献はまず，成分ブランドを製品開発プロセスという文脈において考察した点である。従来の成分ブランドに関する研究のほとんどは，最終消費者の購買意思決定における反応の差異という問題として扱われていた。これに対し本研究では，成分ブランドを製品開発の視点から捉えようと試みた。

　第二に，そのような成分ブランドの製品開発プロセスにおける効果について，経験データの収集および分析を行った点である。すなわち，①開発組織における異部門間コミュニケーションの促進，②組織内への市場志向の浸透，③組織メンバー間の価値観共有の促進，④多様な部門からの参加促進，以上の4つの効果について検証を行った。

　第三に，組織における市場志向の決定要因について，さらなる精緻化を行っ

た上で，新たな視点を提供した。Jaworski and Kohli（1993）やKirca et al.（2005）といったこれまでの研究では，市場志向をもたらす要因として，トップマネジメント，部門間関係，組織的システムという大きく3つの要因があげられていた。本研究はこれら3要因による市場志向実現を促進する存在として成分ブランドを位置づけている。このことは，市場志向とその先行変数との関連を考察する際に新たな視点を提供しており，同概念枠組のさらなる精緻化を促すものである。また，Cooper（1996）の提起したステージゲートシステムにおける市場志向の徹底という問題に対して，具体的な方策としての成分ブランドを提示しており，製品開発組織に関する諸研究にも重要な示唆を与えていると考える。

　そして，異部門間コミュニケーションの難しさ，特に，開発組織における技術部門の特異性がもたらす困難について，成分ブランドを通じた解決策を提示している点である。具体的には，Dougherty（1992）の提示した「異なる思考世界」や，Gupta and Wilemon（1988b）が詳細に示したR＆D部門の市場情報への不信感という問題に対して，便益などの市場情報が組み込まれた成分ブランドの効果について提示することで，彼らの問題を克服する具体的方法を提示した。

　一方，本研究のもう1つの関心である顧客企業に向けての効果としては，以下の3点についての議論が重要であろう。第一は，組織購買意思決定の視点から広告コミュニケーションの有効性について，特に成分ブランドに焦点を当てて取り扱った点に関連する。これまでの組織購買意思決定に関わる研究蓄積においては，購買意思決定者がいかなる情報やメディアを重視するかについては，成分ブランドという視点から明示的に取り上げた研究は非常に稀少であった。この点について，本研究は先駆的な取組みであるといえよう。

　第二は，組織購買意思決定研究とコミュニケーション研究，およびブランド研究が，どちらかといえば独立に進展してきたことに関わる。これまで，組織購買意思決定研究とコミュニケーション研究を交えた研究潮流や，コミュニケーション研究とブランド研究を扱った研究潮流など，3つの研究分野のうち

2つをまたがったものは数多く存在している。しかしながら，この3つを同時に扱った研究は非常に限定的である。本研究は，これら3つの研究分野を架橋する試みとして，位置付けられるだろう。

第三に，研究を進めるにあたり，文献調査やインタビュー調査，事例研究，質問票調査といった，複数の方法によってアプローチしている点も強調しておきたい。特に，組織購買意思決定の主体である担当者という稀少セグメントから経験データを収集している点は，データの新規性という視点からも評価できるだろう。

1.2 実務的インプリケーション

一方，本研究によってもたらされた実務的インプリケーションは，以下のとおりとなる。

まず，一般的な製品開発プロセスにおいて技術情報は専門性の高いものであり，それゆえに技術部門はそのような技術情報を重視し，結果として市場情報を軽んじてしまう傾向があることが指摘されている。これに対して本研究は，技術部門をはじめとする製品開発組織に市場志向を浸透させ，優れた成果を生むための具体的な方策として，成分ブランドに活用の可能性があることを示唆として得た。

第二に，コミュニケーションを阻害する要因としてDougherty (1992) は「思考世界」をあげたが，そのような異なる思考世界をつなぐ存在として成分ブランドを位置づけている点である。具体的には，Gupta and Wilemon (1988b) にみられるように，技術部門にとって市場情報はともすれば理解し難い存在として捉えられてしまう。しかし，本研究において示されたように，成分ブランドには市場情報を技術部門に翻訳するツールとしての効果が期待できる。製品開発に成分ブランドを積極的に採用することで，技術部門はより効果的に市場情報に触れることができるのである。

第三は，成分ブランドの認知度を誰に対して高めれば，その効果を引き出せ

るかについての示唆である。つまり，社内認知度よりも社外認知度を高めることがより好ましい効果をもたらすという結果は，成分ブランドの広告コミュニケーションに関わる意思決定や活動を具体化する際に重要なポイントとなりうる。

　一方，顧客企業の購買行動との関連では，以下の4点が重要である。第一は，特に非耐久財へ素材を組み込む場合，自社が提供する納品物を成分ブランド化することによって，発注案件をよりスムーズに進めることができることに関わる。BtoBコミュニケーションにおいても，特定の広告メッセージは時間とともにその効果を減じてしまうことが懸念されるが，組織購買意思決定プロセスが短縮化することによって，このようなマイナスの効果を一定程度抑えることができるだろう。また，プロセスの短縮化は，限りある資源を集中的かつ効果的に投下できることを意味する。さらに適切なポイントでコミュニケーションを図ることによって，より高い成果を期待することができる。

　第二に，組織購買に成分ブランドが介在することによって，いかなる情報が重視されるかを特定し，具体的な広告コミュニケーションのコンテンツ策定に対する示唆が得られた。特に，価格や支払条件，付帯サービスやアフターサービスに関する情報が，成分ブランド化によってその重視度を高めることは，成分ブランディングにおける具体的なコミュニケーションを検討する上で重要だろう。これにより，自社のBtoBコミュニケーションにおいていかなるコンテンツを強調すべきかに対して，一定の指針が得られるだろう。

　第三は，BtoBコミュニケーションのためのメディアを幅広く扱っていることに関わる。すなわち，取引に特定的な情報に適したメディアにおいて，営業担当者の重要性をあらためて確認すると同時に，それを補完しうる業者Eメールやメルマガ，DM，見本市などの重要性についても明らかになった。また，取引特定的な情報に適したメディアだけでなく，広くメディア一般で成分ブランドによる注目効果があることは，実務上興味深いといえよう。とりわけ，新規購買や修正再購買時において，成分ブランド化によって見本市，電話・ファックス，セミナー・講演会が注目されることは，これらのメディアの有効

活用の方向性が得られたと考えられる。

　最後は，バイクラスや担当者特性による影響を抽出している点に関わる。本研究では，成分ブランドによって特定の情報やメディアが注目されることに加えて，このような効果がバイクラス／担当者特性のいかなる場合において顕著であるかを明らかにされた。これにより，より効果的なセグメンテーション，ターゲティングを実現するための指針が提供されるだろう。具体的には，新規購買や修正再購買時においては，納期配送情報や価格・支払条件情報が成分ブランドによって特に注目される可能性が高い。また，担当者の専門性が低い場合，成分ブランドによって製品情報が補完され，その結果，取引に関わる付帯的情報の重視度が高まる。さらに，担当者の専門性が高い場合は無視されがちな業者からのEメールも，成分ブランドを付与することでより参照されるようになる。これらの結果は，BtoBマーケティングにおけるコミュニケーション戦略策定に際して有益な示唆となりうるだろう。

2　さらなる成分ブランド研究に向けて

　最後に，さらなる成分ブランド研究に向けて，本研究が抱える課題を整理したい。まず，外的妥当性についての課題を2点指摘できるだろう。第一に，収集されたサンプルサイズの関係上，異なる製品カテゴリーにおける製品開発を区別せずに分析を行った点である。食品や繊維，自動車などのカテゴリーごとに異なる効果も想定されるため，カテゴリー別の分析も必要であろう。第二に，今回の製品開発に関わる調査は技術部門のみが対象とされていた。しかし，成分ブランドによって市場部門の技術への理解度も高まることが考えられ，このことは理論的にも実務的にも重要な知見をもたらすことが期待できる。これらの点については，新たな経験データの収集，および分析が待たれるところである。

　次に，内的妥当性に関しては，付記すべき点は2点ある。第一の限界は，成分ブランドが製品開発組織にさまざまな効果を有するという因果の方向性に関

するものである。理論的には，原因としての成分ブランドが結果としての製品開発プロセスに与える効果は，一定の論理的説明のもと仮説を導出したのであるが，今回の調査および分析手法では，その因果の方向性までを直接的に特定できるデータが示されていない。この点については，成分ブランドを要因とした実験などの別の調査分析手法がとられるべきであろう。

　第二は，製品開発に関わる概念モデルに他の潜在要因が存在していた可能性である。具体的には，今回収集されたデータには，自社開発による成分ブランドと，他社開発による成分ブランドが混在していた。しかしながら，自社開発の成分ブランドを自社製品に採用する場合と，他社開発の成分ブランドを採用する場合とでは，たとえば，トップマネジメントのコミットメント度合いや，組織メンバーが抱く成分ブランドへのイメージが異なってくることが予想される。この点に関しては，成分ブランドの属性ごとの検証が望まれるところである。

　また，構成概念妥当性としては，以下の2点が指摘できるだろう。第一に，成分ブランドの効果の強さを認知度だけで捉えてよいのかという問題がある。Keller（1998）によるブランド知識構造の概念枠組には，ブランドの量的側面である認知だけでなく，質的な多様性をも射程に入れたさまざまなブランド連想も含まれている。本研究においては，その測定の容易性という視点から認知度のみを研究枠組に採用したが，より厳密には，成分ブランドの質的な多様性についても明示的に取り扱う必要があるだろう。

　第二に，組織内コミュニケーションに関する研究潮流として，単なる頻度の把握から，やりとりされる情報の質的な特性にまで，その研究範囲を拡大してきている点を指摘することができる。しかしながら，本研究が扱ったコミュニケーションは，その頻度という量的な側面のみに焦点が当てられていた。成分ブランドがコミュニケーション頻度にもたらす効果について一定の知見は得たものの，組織内で取り交わされる情報の質的な側面にまで踏み込んだ考察は，成分ブランドが有する効果に関する新しい知見をもたらす可能性がある。具体的には，特定の成分ブランドが内包する市場情報のどのような側面についてコミュニケーションがなされたときに，組織の市場志向の高まりや価値観共有，

積極的参加が得られるのか，といった問題が考えられるだろう。

　最後に，分析手法の抱える限界についても触れておきたい。製品開発における仮説導出および分析においては，成分ブランドの有無，および認知度の水準によって，①組織内コミュニケーション，②市場志向，③価値観の共有，④多様な部門からの参加促進について，それぞれ独立に差があることが確認された。しかしながら，これら4つの要因はむしろ，相互に関連するものとして捉えられるべきものであろう。Jaworski and Kohli（1993）をはじめとする一連の研究においては，これらの要因はむしろ因果モデルを構成する要素として捉えられていた。具体的には，コミュニケーションが市場志向をもたらし，その結果として価値観共有や積極的参加といった効果がもたらされるというものである。成分ブランドによる効果を探索的に検証するという本研究の目的から，今回の分析はあくまでも成分ブランドと4要因との関係を確認したに過ぎない。この点については，変数間の関係を考慮したモデルの構築およびテストと，そこで成分ブランドが有する効果について考察を深めていくべきだろう。

　次に，収集されたデータが限定的であった点は，特に仮説検証上の課題として指摘すべきだろう。本研究においては，実際に発注案件に関わったサンプルを対象としていたため，収集できたサンプル数が十分であるとはいえなかった。たとえば，納品物タイプや最終製品タイプ，担当者の役割，企業規模や案件規模などが結果に与える影響は大きいと予想されるため，これらの要因も加味した形で分析することが望ましい。また本研究では，一元配置分散分析を中心に仮説検証を行った。仮説の精緻化とともにサンプル数を確保することによって，多変量を同時に検証に供すことも欠かせない。

　さらに，本研究は，担当者特性を納品物に対する専門性によって操作化している。しかしながら，組織購買意思決定における成分ブランドの効果を検討する際，考慮すべき担当者特性には他にもさまざまなものがあることはいうまでもない。納品物だけでなく，最終製品に対する専門性や，発注業者に対する知識水準，案件そのものに対する経験の度合いなど，担当者特性の操作化にはより多面的な視点が望まれるところである。

最後に，購買行動における諸効果に影響を与える要因として，本研究はバイクラスと担当者特性の2つを扱っている。しかしながら，このような諸効果に影響を与えるものには，これら以外にもいくつか存在していると考えられる。特に，組織購買意思決定が相対的に長い時間を経たプロセスであることを鑑みれば，そのプロセスのどの段階において成分ブランド効果が発揮されるかによっても，その強さは異なってくることが予想できる。引合などの初期段階や，実際に商品を発注する段階など，意思決定フェーズの違いも明示的に組み込んで仮説化し，検証することが重要である。また，納品物特性や最終製品特性，季節性や最終製品の発売頻度など，成分ブランドの効果に影響を与える他の要因への配慮も不可欠であろう。

　以上の限界については，より多くの要因を組み込んだ研究枠組の構築，より多面的な構成概念の操作化，および，よりサンプルを拡大した調査の実施などが望まれる。組織購買意思決定における成分ブランドの効果については，今後より一層の研究が待たれるところである。

参考文献

Aaker, D. A. (1991), *Managing brand equity*, New York: Free Press. (陶山計介・尾崎久仁博・中田善啓・小林哲訳『ブランド・エクイティ戦略』ダイヤモンド社、1994年)

Abratt, R. (1986), "Industrial Buying in High-Tech Markets", *Industrial Marketing Management*, 30(1), pp. 293-298.

赤尾洋二 (1990)『品質展開入門』品質機能展開活用マニュアル1、日科技連出版社。

Alexander, N. S., G. Bick, R. Abratt and M. Bendixen (2008), "Impact of branding and product augmentation on decision making in the B2B market", *South African Journal of Business Management*, 40(1),1-20.

Anderson E.,W. Chu, and B.Weitz (1987), "Industrial Purchasing:An Empirical Exploration of the Buyclass Framework," *Journal of Marketing*, 51 (July), 71-86.

Anderson, J. C. and Narus, J. A. (2004), *Business market management: Understanding, creating, and delivering value*, Englewood Cliffs, New Jersey: Pearson Prentice Hall.

Bellizzi, J. A. (1979), "Product Type and the Relative Influence of Buyers in Commercial Construction", *Industrial Marketing Management*, 8, 213-220.

Bellizzi, J.A. (1981), "Organizational Size and Buying Influence", *Industrial Marketing Management*, 10(February), 17-21.

Bellizzi, J. A. and C. K. Walter (1980), "Purchasing Agent's Influence in the Buying Process", *Industrial Marketing Management*, 9 (April), 137-141.

Bellizzi, J. A. and P. McVey (1983), "How Valid Is the Buy-Grid Model?", *Industrial Marketing Management*, 12, 57-62.

Bendixen, M., K. A. Bukasa and R. Abratt (2004), "Brand equity in the business-to-business market", *Industrial Marketing Management*, 33, 371-380.

Bissell, H. D. (1971), "Research and Marketing: Rivals or Partners?" *Research Management*, 14(3), pp. 65-73.

Booz, Allen & Hamilton (1982), *New Product Management for the 1980's*, Booz, Allen & Hamilton.

Brown. S. L. and K. M. Eisenhardt (1995), "Product Development, Past Research, Present Findings, and Future Directions," *The Academy of Management Review*,

20(2), pp. 343-378.

Buss, Daie (2005), "Joining Forces," *Sales&Marketing Managemeent*, Vol.157, pp. 38-42.

Butler, O. B. (1976), "What Marketing Expects from R & D?," *Research Management*, 19(1), pp. 7 -9.

Bunn, M. D. (1993), "Taxonomy of Buying Decision Approaches", *Journal of Marketing*, Vol.57, No.1, 38-56.

Buss, Daie (2005), "Joining Forces," *Sales&Marketing Managemeent*, Vol.157, pp. 38-42.

Cardozo,R. and J.W.Cagley (1971), "An Experimental Study of Industrial Buyer Behavior," *Journal of Marketing Research*, 8, 329-334.

崔容熏 (2008)「産業財ブランドの視座—既存研究のレビューと『ライクラ』ブランドの事例に見る〈顧客の顧客〉戦略の示唆」『マーケティングジャーナル』27(3), pp.59-81。

Clayton, H. and T. Surinder (1995), "Effect of Cobranding on Consumer Product Evaluations", *Advances in Consumer Research*, Vol.22, No.1, 123-127.

Cooper, R. G. (1996), "Overhauling the New Product Process" *Industrial Marketing Management*, 25, pp. 465-482.

Copeland, M. T. (1924), *Principles of Merchandising*, Chicago, A. W. Show Company.

Corey, E. R. (1978), *Procurement Management*, CBI Publishing Company.

Crawford, C. M. (1984), "Protocol: New Tool for Product Innovation," *Journal of Product Innovation Management*, 1(2), pp. 85-91.

Dempsey,V.A. (1978), "Vendor Selection and the Buying Process," *Industrial Marketing Management*, 7, 257-267.

Desai, K. K. and K. L. Keller (2002), "The Effect of Ingredient Branding Strategies on Host Brand Extendibility", *Journal of Marketing*, Vol.66, No.1, 73-93.

Deshpandé, R. (1982), "The Organizational Context of Market Research Use" *Journal of Marketing*, 46(4), pp. 91-101.

Deshpandé, R, J. U. Farley and F. E. Webster, Jr. (1993) "Corporate Culture, Customer Orientation, and Innovativeness in Japanese Firms: A Quadrad Analysis," *Journal of Marketing*, 57(1), pp. 23-27.

Deshpandé, R. and J. U. Farley (1996), "Understanding Market Orientation: A

Prospectively Designed Meta-Analysis of Three Market Orientation," *Marketing Science*, Working paper report, pp. 96-125.

Dougherty, D. (1992), "Interpretive Barriers to Successful Product Innovation in Large Firms," *Organization Science*, 3(2), pp. 179-202.

Erickson, R.A. and A.C. Gross (1980), "Generalizing Industrial Buying: A Longitudinal Study", *Industrial Marketing Management*, 9 (July), 253-265.

Fisher, R. J., E. Maltz and B. J. Jaoworski (1997), "Enhancing Communication Between Marketing and Engineering: The Moderating Role of Relative Functional Identification," *Journal of Marketing*, 61(3), pp. 54-70.

藤本隆宏 (1997),「製品開発の産業間比較分析に関する温故知新的な試論:既存理論概念の適用可能性」『ビジネスレビュー』第45巻第2号,pp. 36-55。

Gatignon, H. and J. M. Xuereb (1997) "Strategic Orientation of the Firm and New Product Performance," *Journal of Marketing Research*, 34(1), pp.77-90.

Gerstenfeld, A., C. D. Turk, R. L. Farrow and R. F. Spicer (1969), "Marketing and R & D," *Research Management*, 7(6), pp. 409-412.

Ghingold, M. and D. T. Wilson (1998), "Buying center research and business marketing practice: meeting the challenge of dynamic marketing", *Journal of Business & Industrial Marketing*, Vol. 13, No.2, 96-108.

Gordon, G. L. , R. J. Calantone and C. A. di Benedetto (1993), "Brand Equity in the Business-to-Business Sector", *Journal of Product & Brand Management*, Vol.2, No.3, 4-16.

Gordenberg, J., D. R. Lehmann and D. Mazursky (2001), "The Idea Itself and the Circumstances of its Emergence as Predicators of New Product Success," *Management Science*, 47(1), pp. 69-84.

Griffin, A. (1997), "PDMA Research on New Product Development Practices: Updating Trends and Benchmarking Best Practices," *Journal of Product and Innovation Management*, 14(6), pp. 429-458.

Gupta, A. K. and D. Wilemon (1988a), "The Credibility-Cooperation at the R & D-Marketing Interface," *Journal of Product Innovation Management*, 5(1), pp. 20-31.

Gupta, A. K. and D. Wilemon (1988b), "Why R & D Resist Using Marketing Information," *Research-Technology Management*, 31(6), pp. 36-41.

Gupta, A. K., S. P. Raj and D. Wilemon (1985a), "R & D Marketing Interface in High-Technology Firms," *Journal of Product Innovation Management*, 2 (1), pp.

12-24.

Gupta, A. K., S. P. Raj and D. Wilemon (1985b), "R&D and Marketing Dialogue in High-Tech Firms," *Industrial Marketing Management*, 14(4), pp. 289-300.

Gupta, A. K., S. P. Raj and D. Wilemon (1986a), "R & D Marketing Managers in High-Tech Companies: Are They Different?," *IEEE Transactions on Engineering Management*, 33(1), pp. 25-32.

Gupta, A. K., S. P. Raj and D. Wilemon (1986b), "A Model for Studying R&D-Marketing Interface in the Product Innovation Process," *Journal of Marketing*, 50 (2), pp. 7-17.

Heather,Todd (2005), "What is a Name?" *Beverage World*: 1/15/2005, Vol.124, pp. 48-51.

Henard, D. H. and D. M. Szymanski (2001), "Why Some Products are More Successful than Others," *Journal of Marketing Research*, 38(3), pp. 362-375.

Helo, P. (2004), "Managing agility and productivity in the electronics industry", *Industrial Management and Data Systems*, Vol.104, no.7, pp. 567-577.

Hutton, J. G. (1997), "A Study of Brand Equity in an Organizational-Buying Context", *Journal of Product & Brand Management*, Vol.6, No.6, pp. 428-439.

石井淳蔵・嶋口充輝・栗木契・余田拓郎（2004）『ゼミナール　マーケティング入門』日本経済新聞出版社。

池尾恭一（1999）『日本型マーケティングの革新』有斐閣。

岩下仁（2012）「統一的市場志向尺度の検討—二元性問題を解決するマーケティング志向測定尺度の開発」『産業経営』第49号，pp. 39-62。

Jackson, D.W., J. E. Keith and K. R. Burdick (1984), "Purchasing Agents' Perceptions of Industrial Buying Center Influence: A Situational Approach", *Journal of Marketing*, 48(Fall), pp. 75-83.

Jackson, D. W., J. E. Keith, and K.R.Burdick (1987), "The Relative Importance of Various Promotional Elements in Different Industrial Purchase Situations," *Journal of Advertising*, 16(4), 25-33.

Jaworski, B. J. and A. K. Kohli (1993), "Market Orientation: Antecedents and Consequences," *Journal of Marketing*, 57(3), pp. 53-71.

Johnson, S. C. and C. Jones (1957), "How to Organize for New Products," *Harvard Business Review*, 35(1), pp. 49-62.

加賀谷貢樹（2002）「素材メーカーのブランド戦略に学べ」『THE21』2002年4月号，

pp. 45-47。

川上智子（2005）『顧客志向の新製品開発 マーケティングと技術のインタフェイス』有斐閣。

Keller, K. L. (1998), *Strategic Brand Management, Prentice-Hall*. (恩蔵直人・亀井昭宏訳『戦略的ブランド・マネジメント』東急エージェンシー, 2000年)

Khurana, A. and Rothenthal S. R. (1998), "Integrating the Fuzzy Front End of New Product Development" *Sloan Management Review / Winter*, pp. 103-120.

Kim, J., David A. Reid, R. E. Plank and R. Dahlstrom (1998), "Examining the Role of Brand Equity in Business Markets: A Model, Research Propositions, and Managerial Implications", *Journal of Business-to-Business Marketing*, Vol.5(3), 65-89.

木之本尚道（2003),「インテルのブランド戦略」『経済広報』2003年12月号, pp. 12-14。

Kirca, A. H., Jayachandran, S. and Bearden, W.O. (2005), "Market Orientation: A Meta-Analytic Review and Assessment of Its Antecedents and Impact on Performance," *Journal of Marketing*, 69(2), pp. 24-41.

Kohli, A. K. and B. J. Jaworski (1990), "Market Orientation: The Construct, Research Propositions, and Managerial Implications," *Journal of Marketing*, 54(2) pp. 1-18.

Kohli, A. K., B. J. Jaworski, and A. Kumar (1993), "MARKOR: A Measure of Market Orientation," *Journal of Marketing Research*, 30(4), pp. 467-477.

河野豊弘編著（2003）『新製品開発マネジメント』ダイヤモンド社。

Kotler, P. (2000), *Marketing Management, Millennium ed.* (10th ed.), Prentice Hall (恩蔵直人監修, 月谷真紀訳『コトラーのマーケティング・マネジメント』ミレニアム版, ピアソンエデュケーション, 2001年)

Kotler, P. and W. Pfoertsch (2006), *B2B Brand Management*, Springer-Verlag.

Kotler, P. and W. Pfoertsch (2010), *Ingredient Branding: Making the Invisible Visible*, Springer-Verlag.

Krishnan, V. and K. T. Ulrich (2001), "Product Development Decisions : A Review of the Literature," *Management Science*, 47(1), pp.1-21.

黒岩健一郎（2007)「市場志向の先行要因の探索 —トップマネジメントの市場環境認識および事業目標・理念との関係」『慶應経営論集』第14巻1号, pp. 147-161。

桑嶋健一（2004)「製品開発研究の系譜と化学産業の製品開発マネジメント—顧客の顧客戦略の有効性」MMRC-J-3, 東京大学COEものづくり経営研究センターディス

カッションペーパー。

Kwortnik Jr., R. J., W. M. Lynn and W. T. Ross Jr. (2009), "Buyer Monitoring: A Means to Insure Personalized Service", *Journal of Marketing Research*, 46(5), pp. 773-583.

Lehmann, D. R. and J. O'Shaughnessy (1974), "Difference in Attribute Importance for Different Industrial Products", *Journal of Marketing*, Vol. 38, No. 2, 36-42.

Lehmann, D.R.and J. O'Shaughnessy (1982), "Decision Criteria Used in Buying Different Categories of Product," *Journal of Purchasing and Materials Management*, 18(1), 9-14.

Leigh, T. W. and A. J. Rethans (1985), "User Participation and Influence in Industrial buying", *Journal of Purchasing and Materials Management*, summer, 7-13.

Levin, A., J. C. Davis and I. Levin (1996), "Theoretical and Empirical Linkages between Consumers' Responses to Different Branding Strategies", *Advances in Consumer Research*, Vol. 23, No.1, 296-300.

Levitt, T. (1965), *Industrial Purchasing Behavior: A Study of Communication Effects*, Harvard University Press.

Lichtenthal, J. D. and S. Eliaz (2003), "Internet Integration in Business Marketing Tactics," *Industrial Marketing Management*, Vol. 32, No. 1, pp. 3-13.

Lynch, J. and L. de Chernatony (2004), "The Power of Emotion:Brand communication in business-to-business markets", *The Journal of Brand Management*, Vol. 11, No. 5, 403-419.

Maltz, E. and A. K. Kohli (1996), "Marketing Intelligence Dissemination Across Functional Boundaries," *Journal of Marketing Research*, 33(1), pp. 47-61.

Martilla, J. A. (1971), "Word-of-Mouth Communication in the Industrial Adoption Process," *Journal of Marketing Research*, 8(May),173-178.

松尾隆・崔容熏 (2004),「三星電子TFT-LCD事業におけるブランディング戦略」『経営と制度』2月号, 95-113。

Maxham, J. G. and R. G. Netemeyer (2003), "Firms Reap What They Sow: The Effects of Shared Values and Perceived Organizational Justice on Customers' Evaluations of Complaint Handling," *Journal of Marketing*, 67(1), pp. 46-62.

McCarthy, M. S. and D. G. Norris (1999), "Improving Competitive Position Using Branded Ingredients", *Journal of Product and Brand Management*, Vol.8, No.4, 267-285.

McQuiston, D.H. (1989), "Novelty, Complexity, and Importance as Casual Determinants of Industrial Buyer Behavior", *Journal of Marketing*, Vol.53, No.2, 66-79.

Meyer, John P., Natalie J. Allen and Catherine A. Smith (1993), "Commitment to Organizations and Occupations: Extension and Test of a Three-Component Conceptualization." *Journal of Applied Psychology*, 78(4), pp. 538-551.

Michell, P. , J. King and J. Reast (2001), "Brand Values Related to Industrial Products", *Industrial Marketing Management*, 30, 415-425.

水越康介 (2006),「反応型市場志向と先行型市場志向」『BUSINESS INSIGHT』第14巻2号, 20-31。

水野滋・赤尾洋二編 (2000)『品質機能展開―全社的品質管理へのアプローチ』日科技連出版社。

Monteleone, J. P. (1976), "How R & D and Marketing Can Work Together," *Research Management*, 19(2), pp. 19-20.

Montoya-Weiss, M. M. and R. J. Calantone (1994), "Determinants of New Product Performance: A Review and Meta-Analysis" *Journal of Product Innovation Management*, 11(5), pp. 397-417.

森摂 (2003),「B2B2Cの掛け橋―素材・部品メーカーから消費者へのアプローチ」『赤門マネジメントレビュー』2巻2号, 47-54。

Moriarty, R. T. (1983), *Industrial Buying Behavior*, Lexington Books.

Moriarty, R. T. and R. E. Spekman (1984), "An Empirical Investigation of the Information Sources Used During the Industrial Buying Process," *Journal of Marketing Research*, 21 (May), 137-147.

Mudambi, S. M., P. Doyle and V. Wong (1997), "An Exploration of Branding in Industrial markets," *Industrial Marketing Management*, 26, pp. 433-446.

Mudambi, S.M. (2002), "Branding importance in business-to-business markets; Three buyer clusters", *Industrial Marketing Management*, Vol. 31, No.6, 525-533.

Narver, J. C. and S. F. Slater (1990), "The Effect of a Market Orientation on Business Profitability," *Journal of Marketing*, 54(4), pp. 20-35.

Naumann, E., D. J. Lincoln and R. D. McWilliams (1984), "The Purchase of Components: Functional Areas of Influence", *Industrial Marketing Management*, Vol.13, Isuue2, 113-122.

延岡健太郎 (2002)『製品開発の知識』日本経済新聞社。

野中郁次郎（1979）「生産財マーケティング」『現代のマーケティング』（村田昭治編）誠文堂新光社。

岡本智（2003）「技術のブランディング」法政大学産業情報センター・小川孔輔編『ブランド・リレーションシップ』同文舘出版。

恩蔵直人（1995）『競争優位のブランド戦略』日本経済新聞社。

Ottum, B. D. and W. L. Moore (1997), "The Role of Market Information in New Product Success / Failure," *Journal of Product Innovation Management*, 14(4), pp. 258-273.

Ozanne, U. B. and G. A. Churchill (1971), "Five Dimensions of industrial Adoption Process", *Journal of Marketing Research*, Vol.8, No.3, 322-328.

Parasuraman, A. (1981), "Role Clarity and Job Satisfaction in Purchasing," *Journal of Purchasing and Material Management*, (Fall), 2-7.

Park, C. W., S. Y. Jun, and A. D. Shocker (1996). Composite Branding Alliances; An Investigation of Extension and Feecback Effects. *Journal of Marketing Research*, 33(4), pp. 453-466.

Petty, R. E. and J. T. Cacioppo (1986), *Communication and Persuasion: Central and Peripheral Routes to Attitude Change*, Springer-Verlag.

Pingry, J. (1974), "The Engineer and Purchasing Agent Compared," *Journal of Purchasing*, 10(November), 33-45.

Puto, C. P., W. E. Putton and R. H. King (1985), "Risk Handling Strategies in Industrial Vendor Selection Decision," *Journal of Marketing*, 49(Winter), 89-98.

Rao, Akshay R. and Robert W. Ruekert (1994)," Brand alliance as signals of product quality!, *Sloan Management Review* (Fall), pp. 87-97.

Robinson, P. J, C. W. Faris, and Y. Wind (1967), *Industrial Buying and Creative Marketing*, Boston: Allyn and Bacon.

Rogers, E. and E. F. Shoemaker (1971), *Communication of Innovations: A Cross-Cultural Approach*, Free Press.

Schiffman, L., L. Winter, and V. Gaccione (1974), The Role of Mass Communications, Salesmen and Peers in *Industrial Buying Decision, in Combined Proceedings*, R. Curhan, ed., American Marketing Association, 478-492.

Sheth, J. N. (1973), "A Model of Industrial Buyer Behavior", *Journal of Marketing*, 37(October), 50-56.

渋谷義行（2011），「サプライヤー選択基準の研究」『マーケティングジャーナル』31

(2), pp.112-128。

嶋口充輝・石井淳蔵・黒岩健一郎・水越康介（2008）『マーケティング優良企業の条件―創造的適応への挑戦』日本経済新聞出版社。

Shipley, D. and P. Howard (1993), "Brand-Naming Industrial Products", *Industrial Marketing Management*, 22, 59-66.

Simon, H.A. (1960), *The New Science of Management Decision*.

Sinclair, S. A. and K. E. Seward (1988), "Effectiveness of Branding a Commodity Product", *Industrial Marketing Management*, 17, 23-33.

Slater, S. F. and J. C. Narver (2000) "The Positive Effect of a Market Orientation on Business Profitability: A Balances Replication," *Journal of Business Research*, 48 (1), pp. 69-73.

Souder, W. E. (1980), "Promoting an effective R&D/marketing interface" *Research Management*, 23(4), pp. 10-15.

Souder, W. E. (1981), "Disharmony between R&D and marketing", *Industrial Marketing Management*, 10(1), pp. 67-73.

Souder, W. E. (1988), "Managing Relations Between R&D and Marketing in New Product Development Projects" *Journal of Product Innovation Management*, 5(1), pp. 6- 19.

Souder, W. E. and A. K. Chakrabarti (1978) "The R & D / Marketing Interface, Results from an Empirical Study of Innovation Projects", *IEEE Transmission on Engineering Management*, 25(4), pp. 88-93.

Spekman, R. E. (1988), "Perceptions of Strategic Vulnerability Among Industrial Buyers and Its Effect on Information Search and Supplier Evaluation," *Journal of Business Research*, 17, 313-326.

Sympson, P., Juddy A. Siguaw and Susan C. White (2002), "Measuring the Performanceof Suppliers:An Analysis Evaluation Process," *Journal of Supply Chain Management*, 38(1), 29-41.

高嶋克義・竹村正明・大津正和（1996），「産業広告の効果に対する実証研究」『日経広告研究所報』165号，60-68。

Taylor, S. A., K. Celuch and S. Goodwin (2004), "The importance of brand equity to customer loyalty", *Journal of Product & Brand Management*, Vol. 13, Iss: 4, 217-227.

Thompson, K. E., S. D. Knox and H. G. Mitchell (1998), "Business to business brand attributes in a changing purchasing environment", *Irish Marketing Review*, Vol.10, 25-32.

Ulrich, K. T. and S. D. Eppinger (1995), *Product Design and Development*, McGraw-Hill.

Urban, G. L. and J. R. Hauser (1993), *Design and Marketing of New Products*, 2nd ed., Prentice Hall.

Urban, G. L. and J. R. Hauser and N, Dholakia (1987), *Essentials of New Product Management*, Prentice Hall (林広茂・中島望・小川孔輔・山中正彦訳『プロダクトマネジメント―新製品開発のための戦略的マーケティング』プレジデント社, 1989年)

Vaidyanathan, R. and P. Aggarwal (2000), "Strategic Brand Alliances: Implications of Ingredient Branding for National and Private Label brands", *Journal of Product and Brand Management*, Vol. 9, No.4, 214-228.

Venkatesh, R. and V. Mahajan (1997), "Products with Branded Components: An Approach for Premium Pricing and Partner Selection", *Marketing Science*, Vol.16, No.2, 146-165.

van Riel, A. C. R. , C. P. de Mortanges, and S. Streuken (2005), "Marketing Antecedents of Industrial Brand Equity: An Empirical Investigation in Specialty Chemicals", *Industrial Marketing Management*, 34, 841-847.

Webster, Jr. F. E. (1970), "Informal Communication in Industrial Markets," *Journal of Marketing Research*, 7(May), 186-189.

Webster, Jr. F. E. and Y. Wind (1972), "A General Model of Organizational Understanding Buying Behavior", *Journal of Marketing*, Vol.36, No.2, 12-19.

Webster, Jr. F. E. and K. L. Keller (2004), "A roadmap for branding in industrial markets," *Brand Management*, 2(5), pp. 388-402.

Weinrauch, D. J. and R. Anderson (1982), "Conflicts Between Engineering and Marketing Units," *Industrial Marketing Management*, 11(4), pp. 291-301.

Wilson, R.D. (1986), "Segmentation and Communication in the Industrial Marketplace", *Journal of Business Research*, 14, 487-500.

Wieseke, J., M. Ahearne, S. K. Lam and R. V. Dick (2009), "The Role of Leaders in Internal Marketing," *Journal of Marketing*, 73(2), pp. 123-145.

梁宰豪 (2009),「ブランド・エクイティ強化のための成分ブランドの役割について」『商品開発・管理研究』5巻2号, 15-31。

余田拓郎 (2000),『カスタマー・リレーションの戦略論理』白桃書房。
余田拓郎 (2006),「B2Bブランディングのすすめ」『一橋ビジネスレビュー』54巻1号, 70-83。
余田拓郎・首藤明敏編 (2006),『B2Bブランディング—企業間の取引接点を強化する』日本経済新聞社。
Yoon, E. and V. Kijewski (1995), "The Brand Awareness to Preference Link in Business Markets:A Study of the Semiconductor Manufacturing Industry", *Journal of Business-to-Business Marketing*, Vol.2, 7-36.
Zhou, K. Z., C. K.Yim and D. K. Tse (2005), "The Effects of Strategic Orientations on Technology-and Market-Based Breakthrough Innovations", *Journal of Marketing*, 69(2), pp. 42-60.

あとがき

　本書のテーマは、「成分ブランド（ingredient brand）」と呼ばれる部品や素材のブランドである。ブランドが企業の重要な成長ドライバーとして認識されるようになって久しい。多くの企業が、組織をあげてブランド資産構築に取り組むようになった。このようなブランドへの期待や関心の高まりの一方、成分ブランドに関しては、話題に上ることも少ないし、「成分ブランド」という言葉もビジネスの現場ではあまり知られていないようだ。

　部品や素材メーカーの経営者の方々に「ブランド」への考え方をうかがうと、「技術があればブランドは必要ない」「当社は技術の会社であって、ブランドで成長してきたのではない」といった声がきかれる。また、技術への想いについては滔々とお話しいただけるのに対し、ブランドについてうかがおうとすると、これがなかなかむずかしい。ブランドには少し距離感をもち、あるいは、ネガティブなイメージさえもっている経営者の方もいらっしゃるようだ。
　一方、成分ブランドの実態がどうかといえば、テフロンやゴアテックスなど古くから知られているものもあれば、最近ではペンティアムやナノイーなど何らかの意図をもって展開されていると思われる成分ブランドも少なからず存在している。
　ブランドとはそもそも製造者や製品を他から識別するための印である。ブランドがなければ他社の製品から自社製品を識別してもらうすべがない。とするならば、高度な技術力をもって成長を果たしてきた企業にこそブランドの恩恵があるはずである。とりわけ、技術力において優位に立つ日本のBtoB企業はブランドを積極的に活用してしかるべきなのだが、ビジネスの現場では必ずしもそのような認識がもたれていないようだ。

実際のところ成分ブランドは，企業活動にどのように貢献しうるのだろうか。本研究は，こういった疑問とともに，およそ十数年前にスタートしたものである。BtoBマーケティングやブランディングをテーマとして研究を進めるなかで，部品や素材メーカーにとってブランドは役立つものとしてマネジメント対象となり得るのか，という問題意識とともに研究を始めた。

　本書によって，上述のような疑問を解決するに足る研究成果が得られたかといえば正直なところ心苦しい。また，本書は成分ブランド研究の試論の域をでておらず，方法論や仮説導出における反省点や課題も多い研究といわざるを得ない。その一方，本研究を終えてみると，部品や素材メーカーで働く方々に，是非とも成分ブランドに注目していただきたいという気持ちを強くしたのも事実である。本書を通じて，多少なりともブランド，とりわけ成分ブランドに関心をもっていただけたら幸いである。本書は研究書ではあるが，BtoB企業のビジネスパーソンに手にとっていただければと思っている。

　本研究は，嶋口充輝先生（慶應義塾大学名誉教授）のもと続けてきたBtoBマーケティングや組織購買行動研究の延長に位置する。先生には修士課程以来ご指導いただいてきた。嶋口先生から受ける刺激は未だに研究を進めるための励ましとなっている。日頃のご指導にあらためてお礼申し上げたい。

　また，本研究を進めるに際して幸いにも，公益財団法人吉田秀雄記念事業財団から計4年にわたる研究助成をいただいた。同財団の研究助成なくして本研究の遂行は考えられないものだった。さらに，本研究助成に関連して途中から，同僚の坂下玄哲先生にも参画いただけたことも幸いだった。本研究の多くは，本研究助成の成果に基づいている。同事業財団ならびに坂下先生には，この場を借りてお礼申し上げたい。

　本研究を進める上で，多くの方のお世話になった。研究過程で余田ゼミに在籍していた宮田寛君，櫻田文君には，研究テーマが共通することから討論を通じて多くのヒントを得るとともに，資料の収集にもご協力いただいた。また，余田研究室に研究員として在籍していた森家明味さん，澤端智良君には資料収

集やインタビュー調査にご協力いただいた。日頃から研究を通して交流のある千足浩通氏には原稿に目を通して頂き，貴重なコメントを頂戴した。あらためてお礼申し上げたい。

本書は多くのインタビューを通じて得られた知見や事実に基づくものである。インタビューに応じていただいた企業の方々に，この場を借りてお礼申し上げたい。本書の出版を快く引き受けて頂いた株式会社中央経済社と同社経営編集部編集次長の市田由紀子氏に謝意を表したい。

2016年5月

余田拓郎

索　引

■ 欧文 ■

BtoB購買 ································ 141
BtoBマーケティング ················ 110
Eメール ································· 143
MARKOR尺度 ·························· 66
ＮＢ ··· 18
ＰＢ ··· 18
QCD ······································ 124
Ｒ＆Ｄ部門 ···················· 31, 61, 76
Shethモデル ··························· 114
Webster＝Windモデル ············ 113

■ あ行 ■

アッセンブル ··························· iii
意思決定者 ····························· 112
一体感 ····································· 86
インフルエンサー ··················· 112
オープン・ザ・ドア効果 ········· 119

■ か行 ■

価格プレミアム ······················ 125
価値観共有 ···················· 1, 82, 95
企業イメージ ················· 119, 121
企業間取引 ································· i
企業ブランド ························· 122
企業文化 ································· 68
技術志向 ···························· 60, 86
技術部門 ································· 61
技術への固執 ··························· 87
空気清浄機 ························ 35, 38
経済合理性 ····························· 134
ゲートキーパー ······················ 112

コ・ブランド ··························· 18
広告接触経験 ··························· 36
購買意思決定プロセス ············ 146
購買関与 ······························· 126
購買関与者 ····························· 125
購買担当者 ····························· 135
購買部門 ······························· 135
購買プロセス ························· 138
合理的動機 ····························· 111
顧客志向 ···························· 66, 69
コミュニケーション ················· 82
コミュニケーション・メディア ··· 142
コミュニケーション頻度 ··········· 74
コンセプト ······························· 27

■ さ行 ■

再購買 ··································· 126
産業広告 ································ 119
産業財 ·························· i, 110
時間志向 ································· 86
刺激反応アプローチ ··············· 117
思考世界 ································· 75
市場志向 ·········· 1, 28, 32, 49, 60, 65, 86, 93
市場情報 ······················ 1, 32, 73
資本財 ································· 135
社内認知度 ······················ 50, 100
社内稟議 ······························· 140
修正再購買 ····················· 126, 138
消費財 ··································· 110
消費者認知度 ························· 101
情報過負荷 ····························· 147
情報源 ························· 117, 141
情報処理 ······························· 113

情報処理の節約 …………………… 137
情報生成 ……………………………… 67
情報探索 ……………………………… 117
情報探索努力 ………………………… 117
情報普及 ……………………………… 67
新規購買 ……………………… 126, 138
新製品の成功要因 …………………… 30
新製品の成功率 ……………………… 24
信頼感 ………………………………… 16
心理的要因 …………………………… 110
ステージゲートシステム …………… 28
生産財 ………………………………… i
精緻化見込みモデル ………………… 136
製品開発組織 ……………… 1, 72, 81, 86
製品開発プロセス …………………… 23
製品判断力 …………………………… 136
製品類型論 …………………………… 109
成分ブランド ……………… ii, 7, 21, 77
セールスパーソン …………………… 141
設備関連機器 ………………………… 109
双方向性 ……………………………… 74
ソース・ロイヤルティ ……………… 118
属性 …………………………… 78, 144
素材 …………………………………… ii
組織購買行動 ……………… 2, 110, 135
組織購買行動論 ……………… 109, 124
組織成員 ……………………………… 1
組織内コミュニケーション … 65, 72, 74, 91
組織変革 ……………………………… 47

■ た 行 ■

対面営業 ……………………………… 145
単純再購買 …………………………… 138
知覚品質 ………………………… 20, 122
知識水準 ………………………… 125, 136
知名率 …………………………… 15, 36

テレマーケティング ………………… 145
展示会 ………………………………… 143
トップダウン ……………… 47, 52, 56
トップマネジメント ………………… 70
取引先認知度 ………………………… 100

■ な 行 ■

ナショナルブランド ………………… 18
認知度 ………………………………… 15

■ は 行 ■

バイクラス ……………… 112, 126, 152
バイグリッド・モデル ……………… 111
バイフェーズ ………………………… 138
パブリシティ ………………………… 142
反応性 ………………………………… 67
品質機能展開 ………………………… 32
部品 …………………………………… ii
部門間コンフリクト ………………… 70
部門間調整 …………………………… 66
プライベートブランド ……………… 18
ブランド・イメージ ………………… 78
ブランド・エクイティ … 19, 80, 120, 122
ブランド選好 ………………………… 121
ブランド態度 ………………………… 80
ブランド知識 ………………………… 78
ブランド知識構造 …………………… 77
ブランド統制 ………………………… 53
ブランド連想 ………………………… 79
プレミアム価格 ……………………… 121
ベネフィット ………………………… 79
ホスト・ブランド …………………… ii

■ ま 行 ■

マーケティング部門 … 30, 48, 67, 76, 103
マトリクス組織 ……………………… 32
見本市 ………………………………… 145

メディア……………………………… 154
モチベーション ……………………… 86

■ や 行 ■

要件規定 ……………………………… 140
要素技術 ………………………… ii, 7, 20

用度品 ………………………………… 109

■ ら 行 ■

ラグビー型製品開発 …………………… 25
稟議プロセス ………………………… 141

［著者紹介］

余田　拓郎（よだ たくろう）

慶應義塾大学ビジネススクール教授

広島県生まれ。東京大学工学部卒業後，住友電気工業（株），名古屋市立大学経済学部などを経て，2007年より現職。博士（経営学）。
主な著書に，『BtoBマーケティング』（東洋経済新報社），『Ｂ２Ｂブランディング』（共編著，日本経済新聞出版社），『ゼミナール・マーケティング入門』（共著，日本経済新聞出版社），『カスタマー・リレーションの戦略論理』（白桃書房），『商品開発・管理入門』（共著，中央経済社）などがある。

BtoB事業のための成分ブランディング
■製品開発と組織購買への応用

2016年7月10日　第1版第1刷発行

著者	余田　拓郎
発行者	山本　継
発行所	㈱中央経済社
発売元	㈱中央経済グループ パブリッシング

〒101-0051　東京都千代田区神田神保町1-31-2
電話　03（3293）3371（編集代表）
　　　03（3293）3381（営業代表）
http://www.chuokeizai.co.jp/
印刷／三英印刷㈱
製本／誠　製　本㈱

Ⓒ 2016
Printed in Japan

＊頁の「欠落」や「順序違い」などがありましたらお取り替えいたしますので発売元までご送付ください。（送料小社負担）
ISBN978-4-502-19081-0　C3034

JCOPY〈出版者著作権管理機構委託出版物〉本書を無断で複写複製（コピー）することは，著作権法上の例外を除き，禁じられています。本書をコピーされる場合は事前に出版者著作権管理機構（JCOPY）の許諾を受けてください。
JCOPY〈http://www.jcopy.or.jp　e メール：info@jcopy.or.jp　電話：03-3513-6969〉

一般社団法人日本経営協会[監修]　特定非営利活動法人経営能力開発センター[編]

経営学検定試験公式テキスト

1
経営学の基本
(初級受験用)
A5判・344ページ

2
マネジメント
(中級受験用)
A5判・256ページ

3
人的資本管理/
経営法務
(中級受験用)
A5判・248ページ

4
マーケティング/
IT経営
(中級受験用)
A5判・272ページ

5
経営財務
(中級受験用)
A5判・246ページ

キーワード集
A5判・272ページ

過去問題・解答・
解説
(初級編)
A5判・344ページ

過去問題・解答・
解説
(中級編)
A5判・664ページ

東京商工会議所編

ビジネスマネジャー検定試験®
公式テキスト

■管理職のための基礎知識　　A5判・360ページ

中央経済社